Julius H. von Kirchmann

Erläuterungen zu Kant's Kritik der reinen Vernunft

Vierte Auflage

Julius H. von Kirchmann

Erläuterungen zu Kant's Kritik der reinen Vernunft
Vierte Auflage

ISBN/EAN: 9783744633437

Hergestellt in Europa, USA, Kanada, Australien, Japan

Cover: Foto ©Thomas Meinert / pixelio.de

Weitere Bücher finden Sie auf **www.hansebooks.com**

Philosophische Bibliothek

oder

Sammlung

der

Hauptwerke der Philosophie

alter und neuer Zeit.

––––––––––

Unter Mitwirkung namhafter Gelehrten

begründet

von

J. H. von Kirchmann.

––––––––––

Dritter Band.

Erläuterungen zu Kant's Kritik der reinen Vernunft.

Vierte Auflage.

Berlin.

PHILOS.-HISTOR. VERLAG

Dr. R. Salinger.

1898.

Erläuterungen

zu

Kant's Kritik der reinen Vernunft

von

J. H. v. Kirchmann.

Vierte Auflage.

Berlin.
PHILOS.-HISTOR. VERLAG

Dr. R. Salinger.
1906.

Vorwort zur ersten Auflage.

Einer der bedeutendsten Anhänger Kant's, K. L. Reinhold, schrieb 1789, 8 Jahre nach dem Erscheinen der Kritik der reinen Vernunft, in seiner Theorie des Vorstellungsvermögens: „Die allgemeinste unter den vielen Klagen, die bisher über die Kritik der Vernunft vorgebracht sind, legt ihr Unverständlichkeit zur Last. Selbst von ihren Gegnern hat keiner behauptet, er habe ihren Sinn durchweg gefasst, und es ist keiner, der nicht eingestehen müsste, er habe an vielen Stellen unüberwindliche Dunkelheit gefunden".

Diese Klage wird der Gegenwart überraschend sein. Man kehrt jetzt vielmehr von Schelling, Hegel und deren Nachfolgern zu Kant zurück, weil man in ihm die Klarheit und Deutlichkeit findet, welche bei jenen in unfassbaren Begriffen und in der Verbindung von sich Widersprechendem untergegangen ist.

Für die gegenwärtige Bildung hat allerdings das Verständniss der Kritik der reinen Vernunft nicht mehr die Schwierigkeiten, wie vor achtzig Jahren. Die hier folgenden Erläuterungen haben sich daher weniger auf die Darlegung des Sinnes der einzelnen Sätze gerichtet, als auf den Inhalt und die Wahrheit der darin gebotenen Begriffe und Gesetze. Die Erläuterungen bewegen sich überwiegend in einer formalen und materialen Kritik, welche allerdings in einem höheren Sinne auch für das Verständniss des Werkes nützlich, ja unentbehrlich ist.

477

Bei der materialen Kritik ist aus den Gründen, die in der Vorrede zu den Erläuterungen der Ethik Spinoza's (Bd. V der Philosophischen Bibliothek) angegeben sind, auch hier der realistische Standpunkt festgehalten worden. Alle andern Auffassungen haben sich bereits in der Beurtheilung der Philosophie Kant's versucht; eine Kritik vom Standpunkte des reinen Realismus hat daher mindestens den Vorzug der Neuheit.

Bei der formalen Kritik sind die Gedanken, welche Kant zu seinem System geführt haben, und die wichtigsten Beweisgründe, welche Kant für dessen Wahrheit geltend macht, sorgfältiger als bisher untersucht worden. Die späteren Systeme haben sich meist begnügt, über Kant hinauszugehen und ihre Sätze einfach den seinigen entgegenzustellen; eine genaue, in's Einzelne gehende Würdigung der Beweisgründe Kant's findet sich nicht, obgleich sie es sicher verdienen. Es darf deshalb nicht überraschen, wenn man sich gegenwärtig wieder zu Kant zurückwendet; ein sicherer Fortschritt über ihn hinaus erfordert vor Allem, dass Kant's Ausführungen über die Idealität des Raumes und der Zeit, seine Grundsätze der Analytik und seine Antinomien der Vernunft, auf welchen das System erbaut ist, in ihren Mängeln und Schwächen dargelegt werden. Ohnedem ist es unvermeidlich, dass jedes neue Geschlecht von Neuem durch das Verführerische und Blendende der Argumentation zu dem Idealismus Kant's zurückgedrängt wird. Eine erschöpfende Kritik in diesem Sinne hat jedoch hier nicht gegeben werden können, die Erläuterungen hätten sonst die in dieser Sammlung ihnen gesetzte Schranke weit überschreiten müssen. Die Philosophische Bibliothek will die Hauptwerke der Philosophie dem gebildeten Publikum zugänglich machen; dazu sind gewisse Erläuterungen unentbehrlich, aber sie haben sich in einem bescheidenen Maasse zu halten und sich selbst vor jenen Werken nicht vorzudrängen. In dieser Weise sollen die Erläuterungen zur Kritik der reinen Vernunft dem Leser das Verständniss des Werkes nur erleichtern und ihn befähigen, den Inhalt desselben im eigenen Denken weiter zu verfolgen. Es ist dabei die Kenntniss der Lehre vom Wissen vorausgesetzt worden, welche im ersten Bande der Philosophischen Bibliothek als „Einleitung in das Studium philosophischer Werke" gegeben worden ist, und es ist der Kürze wegen überall auf diese Bezug genommen, wo das dort Gesagte hier nur hätte wiederholt werden können.

Die Erläuterungen führen fortlaufende Ziffern, welche mit den Ziffern in der Kritik der reinen Vernunft (Bd. II.) correspondiren, deren Stelle noch durch die Seitenzahl bezeichnet ist. Um den Gebrauch dieser Erläuterungen auch für die Besitzer anderer Ausgaben der Kritik zu ermöglichen, ist den Ziffern die Ueberschrift des betreffenden Kapitels beigesetzt worden.

Berlin, im Januar 1869.

v. Kirchmann.

Erklärung der Abkürzungen.

(No. 15) bedeutet die mit Ziffer 15 bezeichnete Erläuterung
dieses Bandes.

(Kr. 207) „ Kant's Kritik der reinen Vernunft, Bd. II.
der Philosophischen Bibliothek, Seite 207.

(E. 49) „ Seite 49 der Einleitung in das Studium
philosophischer Werke im Bd. I. der Philosophischen Bibliothek.

(Bd. I.) „ den ersten Band der Philosophischen
Bibliothek.

Erläuterungen
zu Kant's Kritik der reinen Vernunft.

~~~~~

I. (Kr. 45.) Die beiden Vorreden.

Die Vorreden von 1781 und 1787 setzen die Kenntniss des Werkes selbst voraus und können ohne solche nicht genügend verstanden werden. Es ist deshalb hier, wie bei den meisten Büchern, gerathen, sie nicht vor, sondern nach dem Werke selbst zu lesen.

Die erste Vorrede ist in einem weit bestimmteren und unbefangeneren Tone gehalten als die zweite. Es ist, als wenn Kant erst nach der ersten Aufgabe die Gefahren voll erkannt hätte, welche aus seiner Kritik für Religion und Moral hervorgehen. Daher bewegt sich die zweite Vorrede zum grösseren Theile in der Ausführung, dass das negative Ergebniss seiner Kritik für die höchsten Fragen über Gott, Freiheit und Unsterblichkeit nicht so gefährlich und für eine von anderwärts entnommene positive Lehre nicht so werthlos sei, als man auf den ersten Augenblick glauben möge.

Kant bezeichnet sein Werk in der ersten Vorrede als „Kritik des Vernunftsvermögens in Ansehung aller Erkenntnisse, zu denen sie, unabhängig von aller Erfahrung, streben mag". Sein Werk ist daher eine Philosophie des Wissens in dem Bd. 1. (E. 95) dargelegten Sinne; aber keine vollständige, weil Kant sich auf die von der Erfahrung unabhängige Erkenntniss beschränken will

Es bleibt dabei auffallend, dass Kant den Begriff der Erfahrungserkenntniss hier nicht näher bestimmt. Oft scheint es, als wenn er nur die

Sinneswahrnehmung *(E. 2)* darunter verstände; allein andere Stellen im Werke selbst zeigen, dass er auch die Selbstwahrnehmung *(E. 5)* darunter mitbefasst. Nun gehört die Vernunft jedenfalls auch zu dem Inhalte der menschlichen Seele; sie ist dem Menschen wie alles andere gegeben, und wenn daher Kant in der Kritik die menschliche Vernunft zu seinem Gegenstande nimmt, so kann ihm eingewandt werden, dass auch die so gewonnene Erkenntniss eine Erfahrungserkenntniss sei, weil sie von einem gegebenen Gegenstande abgeleitet sei, und weil sie mit Hülfe des Selbstbewusstseins nur erforsche, welcher Inhalt und welche Gesetze in diesem gegebenen Gegenstande bestehen.

Hieraus erhellt, dass die beobachtende Methode auch für dieses Gebiet des Wissens nicht zu umgehen ist, und dass Kant's Begriff der Erkenntniss a priori deshalb mit einem Widerspruch behaftet bleibt, welchen erst Hegel durch den Begriff der immanenten dialektischen Entwickelung zu beseitigen versucht hat.

Indem Kant sich auf die Untersuchung des Verstandes und der Vernunft beschränkte und die Gesetze des Wahrnehmens bei Seite liess, ist seine Kritik nicht blos unvollständig geblieben, sondern auch in ihrem Hauptgedanken auf eine Basis gerathen, welche sehr bedenklich erscheint. Kant setzte es als unzweifelhaft voraus, dass der materiale Theil in den menschlichen Wahrnehmungen *(E. 4)* noch viel weniger auf Gegenständlichkeit und Wahrheit Anspruch habe, wie der formale Theil, welcher die räumlichen und zeitlichen Bestimmungen umfasst. Er nennt jene materialen Bestimmungen, wie die Farbe, die Töne, die Wärme, nicht einmal Anschauungen, sondern „blosse Empfindungen, die an sich kein Object erkennen lassen". *(Kr. 79.)* Dessenungeachtet soll die Anwendbarkeit jener formalen Bestimmungen und der Kategorien des Verstandes, d. h. die Objectivität der Erfahrung, von dem Dasein jener materialen Bestimmungen abhängig sein. *(Kr. 149, 152, 161.)* An sich sind nach Kant diese Formen und Kategorien völlig leer; erst durch ihre Anwendung auf den mannigfachen materialen Stoff der Empfindung sollen sie ihre Gegenständlichkeit, ihren Inhalt erhalten und ein Object bezeichnen. Kant nennt wiederholt diesen materialen Theil der Wahrnehmung, obgleich er nach ihm nur ein leerer Schein ist, „die Bedingung der objectiven Realität der Kategorien", z. B. Kr. *149, 157, 161, 172, 190, 499;* ferner Band 33, Abth. IV., *107, 108.*

So beruht jener grosse Satz Kant's, dass die menschliche Erkenntniss die Erfahrung nicht überschreiten könne, auf einer Begründung, die sich selbst widerspricht. Die sinnliche Form und die reinen Verstandesbegriffe sollen ihre Gültigkeit und Gegenständlichkeit erst durch ihre Verbindung mit einer Bestimmung erhalten, die doch noch weit mehr Schein und noch weit leerer ist als jene.

Es bleibt das unsterbliche Verdienst Kant's, das menschliche Erkennen zur Besinnung gebracht und das Jenseit der Wahrnehmung als unerreichbar erklärt zu haben. Dieser Gedanke ist das Grundthema, welches auf allen Seiten der Kritik wiederkehrt. Aber nicht leicht ist ein grosser Grundsatz mangelhafter begründet worden, als hier von Kant.

Daraus erklärt es sich, dass die Philosophie so schnell über Kant hinausschritt. Fichte hatte Recht, wenn er das unerkennbare Ding an sich, an welchem Kant so ängstlich festhielt, bei Seite warf, und Hegel kann man es eben so wenig verdenken, wenn er meinte, die Kategorien hätten mindestens eben so viel Inhalt, als jener materiale Theil der Wahrnehmung, und ihre Gültigkeit und Gegenständlichkeit könne unmöglich von einer so werthlosen Bestimmung abhängig gemacht werden.

Aber es bleibt bedeutungsvoll, dass, nachdem dieser Rausch des subjectiven und absoluten Idealismus vorüber ist, die Gegenwart sich trotz dieser Mängel mit Eifer zu Kant zurückwendet. Es kann dies als ein Zeichen gelten, dass jener Grundsatz Kant's gegenwärtig in seiner vollen Wahrheit empfunden wird, und dass es zur Zeit nur darauf ankommt, denselben besser zu begründen. Daraus wird dann von selbst auch eine bestimmtere und inhaltreichere Fassung desselben hervorgehen. Ein Versuch dazu ist von dem Unterzeichneten in der „Lehre vom Wissen" gemacht worden, welche den ersten Band dieser Bibliothek bildet.

2. (Kr. 68.) Einleitung I—VII.

Der Gedankengang in dieser Einleitung ist einfach folgender: Unser Wissen kann mit der Erfahrung anfangen, aber braucht deshalb nicht in Allem aus der Erfahrung zu entspringen. Wenn die Allgemeinheit und die Nothwendigkeit einem bestimmten Wissen anhaftet, so ist dies vielmehr ein Zeichen, dass dasselbe nicht aus der Erfahrung stammt, dass es also ein Wissen a priori ist. So lange ein solches Wissen sich nur in analytischen Urtheilen hält, kann dasselbe kein Bedenken erregen; denn hier steckt das Prädicat schon in dem Begriffe; aber anders ist es mit synthetischen Urtheilen, welche dem Begriffe im Prädicat ein Neues hinzufügen. Bei den Erfahrungs-Urtheilen giebt die Anschauung den Halt für diese Synthesis; allein worauf stützen sich die synthetischen Urtheile a priori? Man könnte meinen, es gebe keine solche Urtheile; allein sowohl die Mathematik, wie die Physik enthalten dergleichen als Prinzipien, und selbst die Metaphysik ist nur bei Annahme solcher Prinzipien möglich. Die Kritik der reinen Vernunft zeigt nun, dass die in der menschlichen Erkenntniss enthaltenen a priori-Begriffe und Urtheile lediglich aus der Vernunft selbst kommen und nicht aus den Gegenständen. Diese Kritik ist transscendental, weil sie nicht mit den Gegenständen sich beschäftigt, sondern nur mit der Art, sie zu erkennen, woraus die Möglichkeit der Erkenntnisse a priori sich ableitet; sie zerfällt in eine transscendentale Sinnen- und Verstandeslehre, weil beide Vermögen bei der Erkenntniss wirksam sind.

Wenn man Kant zugiebt, dass es wahre allgemeine und nothwendige Gesetze (synthetische Urtheile) in den Wissenschaften giebt, und dass diese Gesetze durch Erfahrung nicht gewonnen werden können, so ist der Idealismus in irgend einer Form nicht abzuhalten, vielmehr ist er dann die allein wahre Philosophie.

Allein beide Prämissen sind nicht unbedingt wahr. Die Gesetze der Naturwissenschaft sind nur durch Induction gewonnen, und ihre Allgemeingültigkeit ist nur eine Wahrscheinlichkeit, aber keine Gewissheit. Die Gesetze der Geometrie und der Zahlenlehre sind zwar

wahrhaft allgemein, allein bei ihnen gilt die zweite
Prämisse nicht; hier kann ausnahmsweise auch die Allgemeinheit durch die Erfahrung (Beobachtung) gewonnen
werden. Das Nähere ist Band I. ausgeführt *(E. 79)*.

Damit fällt das Fundament, auf dem Kant seinen
Idealismus erbaut hat.

3. (Kr. 73.) §. 1 der transscendentalen Aesthetik.

In diesem §. 1 sind zwei Sätze enthalten, welche
als selbstverständliche Wahrheiten hingestellt sind und
sich durch die ganze Philosophie Kant's hindurch
ziehen, obgleich sie doch als Irrthümer angesehen
werden müssen.

Nach dem einen Satz sollen nur die Anschauungen
und nicht die Begriffe unmittelbar sich auf die Gegenstände beziehen. Dieser Satz ist in Band I. erörtert
und widerlegt *(E. 18)*. Der zweite Irrthum ist, dass
Kant die sinnliche Vorstellung (Erscheinung) in Materie
(Empfindung) und Form zerlegt und letztere als das
definirt, „was das Mannigfaltige der Erscheinung (die
Materie) in gewisse Verhältnisse ordnet". In diesem
Ordnen ist bereits das erschlichen und gesetzt, was
erst bewiesen werden soll, nämlich, dass Ausdehnung
und Gestalt nicht Begriffe a posteriori, sondern a priori
seien. Ausdehnung und Gestalt sind indess weder
Verhältnisse, noch entstehen sie aus einem Ordnen
des materialen Wahrnehmungsinhaltes; sondern sie
werden bei dem Wahrnehmen der Seele genau so mit
empfangen wie die Farbe und die Härte; sie sind so
einfach wie diese und sind ein Sciendes, wie
diese, und keine blosse Beziehungsform, welche von
dem Denken ausgeht.

Mag man daher das Wahrnehmen auffassen, wie
man wolle, zu diesem Unterschiede von Materie und
Form, wie Kant ihn hier definirt, ist kein Anhalt
vorhanden.

Um seinen Satz zu beweisen, hätte Kant zeigen
müssen, dass die Grösse und Gestalt der Dinge bei dem
Wahrnehmen nicht eben so passiv empfangen werden, wie
die Farbe und Härte, sondern dass für die Herstellung
jener Bestimmungen eine Thätigkeit der Seele erforderlich sei. Nun zeigt aber die Selbstbeobachtung

nicht das Mindeste davon. Beide Arten von Bestimmungen
gelten in gleicher Weise als durch den Gegenstand
gegeben, während doch ein solcher Unterschied von
Passivität und Activität dabei der Seele nicht wohl verborgen bleiben könnte. Um den Schein eines Beweises
zu gewinnen, muss Kant die Grösse und die Gestalt zu
„gewissen Verhältnissen" machen, in welche die Farbe
etc. „geordnet" wird. Allein beide sind keine Verhältnisse; dies ist der fortwährende Irrthum Kant's.
Sie sind in sich ein so Einfaches, wie Farbe und Härte;
nur das Denken kann die eine stetige Gestalt, die
eine stetige Raumgrösse trennen, Orte, Punkte darin
vorstellen und diese Punkte oder Theile dann auf
einander beziehen. Erst durch solches Denken kommt
in den Raum und die Gestalt das Verhältniss. Solche
Umwandlung in blosse Verhältnisse oder Beziehungsformen kann das Denken aber mit jedem Dinge vor-
nehmen (E. 34), und es beweist nicht, dass Grösse und
Gestalt schon von Anfang ab oder als Wahrgenommene
nur solche Verhältnisse sind.

4. (Kr. 75.) Vom Raume. §. 1 No. 1.

Hier wiederholt sich der in No. 3 aufgedeckte
Fehler des Beweises. Allerdings muss man die Vorstellung des Raumes haben, „damit man etwas ausser
und neben einander" vorstellen kann, aber dies hindert
nicht, dass die Vorstellung des Raumes (der Grösse,
Gestalt) oder „des Aussereinander" zugleich mit der
Vorstellung des Materialen (der Farbe, Härte etc.) bei
der Wahrnehmung eines Dinges der Seele gegeben
wird. Deshalb lässt sich der Beweis Kant's gegen ihn
kehren und sagen: Damit ich eine gewisse Bestimmung
(die Gestalt) mit einer bestimmten Farbe ausfüllen
könne, muss schon die Vorstellung der Farbe überhaupt in der Seele vorhanden sein, oder zu Grunde
liegen. Auch hier wird der Schein eines Beweises nur
dadurch erlangt, dass der Raum von Kant in eine Beziehung oder in ein Verhältniss aufgelöst und als
solches eingeführt wird; dies ist er aber in seiner
ursprünglichen Vorstellung als wahrgenommener nicht:
da ist er einig, stetig, ein Ding; erst das Denken trennt
diesen einigen Raum und setzt Verhältnisse darin.

5. (Kr. 75.) Vom Raume. §. I No. 2.

Auch hier irrt Kant: der Raum ist keine nothwendige Vorstellung. Man kann sich sehr wohl eine Vorstellung machen, dass kein Raum sei, sobald man sich auf Selbstwahrnehmungen beschränkt In den Zuständen der Seele ist nichts Räumliches enthalten, und dennoch können diese für sich vorgestellt werden. Auch die Wahrnehmungen des Geruchs und Geschmacks enthalten keine räumliche Grösse und Gestalt, sondern nur, dass dieser Inhalt ausserhalb der Seele ist. Dieses Ausserhalb ist aber völlig unbestimmt und hat von der Natur des Raumes noch nichts an sich. So haftet die Bestimmung des Raumes nur an einzelnen Arten der Sinneswahrnehmung, und auch hier kann sie durch trennendes Denken (E. 12) abgesondert und das Uebrige raumlos vorgestellt werden. Nur wenn ich das Geschehene oder Gefühlte in seiner Vollständigkeit vorstelle, ist der Raum dabei; die Nothwendigkeit liegt aber dann nur in der analytischen Form des Urtheils; wenn ich in dem Begriffe den Raum mit setze, so kann ich allerdings dann im Prädicate ihn nicht beseitigen.

6. (Kr. 76.) Vom Raume. §. I No. 3.

Es ist richtig, dass die Vorstellung des Raumes kein Begriff im strengen Sinne ist; es ist dies schon in Band 1. (E. 22) nachgewiesen; aber daraus folgt nicht, dass diese Vorstellung eine Vorstellung a priori ist. Auch das Roth dieser Blume ist kein Begriff und geht doch der Anschauung nicht vorher. In dem einigen Raume sind die Theile allerdings in ihm enthalten; allein im Vorstellen geht jene Anschauung des einigen Raumes nicht vorher; vielmehr ist die Anschauung einzelner Grössen (meiner Hand, dieses Raumes, jenes Steines) das Erste; erst aus diesen Grössen (Räumen) bildet nach Abtrennung ihrer Erfüllung das verbindende Denken (E. 24) den einigen, Alles befassenden und den Menschen überall und nach allen Richtungen umgebenden Raum.

7. (Kr. 76.) Vom Raume. §. 1 No. 4.

Ueber die Unendlichkeit des Raumes sehe man Band I. (E. 35). Es wird diese Unendlichkeit nicht bildlich, nicht als ein Beschlossenes vorgestellt, sondern nur als Beziehung gedacht, d. h. als die Verneinung der Grenze oder Bestimmtheit. Dazu kommt, dass die Wahrnehmung dem Menschen keine Bestimmung bietet, welche geeignet wäre, den leeren Raum zu begrenzen, und folgeweise fehlt auch dem Denken die Vorstellung einer solchen Grenze. Deshalb allein besteht im Vorstellen neben jeder bestimmten Raumgrösse noch Raum daneben. Dieser Umstand beweist aber nichts für die Endlichkeit oder Unendlichkeit des wirklichen (gegenständlichen) Raumes und eben so wenig, dass die Vorstellung des Raumes eine Vorstellung a priori ist. Vielmehr ist die Vorstellung des Raumes nur aus den Wahrnehmungen des Gesichts und Gefühls abgeleitet; erst durch diese tritt sie in die Seele. Dagegen ist die vermeintliche Unendlichkeit desselben nur eine Verneinung, und als solche gehört sie zu den Beziehungen, welche nur dem Denken angehören und kein Gegenständliches spiegeln (E. 31). Man vergleiche auch Bd. 33, Abth. III., S. 164 u. f.

8. (Kr. 77.) Vom Raume. §. 3.

Hier benutzt Kant die den geometrischen Lehrsätzen innewohnende Nothwendigkeit als Beweis dafür, dass der Raum eine Anschauung a priori sei und seinen Sitz nur im Subjecte, als die Form des äusseren Sinnes, habe.

Dies ist der Punkt, von dem der Idealismus Kant's seinen Ausgang genommen hat. Die Allgemeinheit und Nothwendigkeit der geometrischen Lehrsätze lag klar vor, und da sie nach Kant aus der Erfahrung nicht abzuleiten ist, so blieb ihm kein Ausweg zu ihrer Erklärung, als die Gegenständlichkeit des Raumes aufzuheben und ihn zu einer Form der Sinnlichkeit des Menschen zu machen.

Will man daher den Idealismus Kant's nicht anerkennen, so muss man vor Allem diesen Beweisgrund beseitigen. Es ist dies bis jetzt noch nirgends geschehen: deshalb kehrt man in der neueren Philosophie

so oft zu dieser Auffassung Kant's zurück. Ihre Widerlegung ist aber möglich. In Bd. I ist bereits gezeigt
worden, dass die Nothwendigkeit der geometrischen
Lehrsätze nur auf den Beweisen beruht, also nicht auf
der Anschauung, sondern auf der Unmöglichkeit des
Widerspruchs, indem der Beweis darlegt, dass der Lehrsatz nur einen früheren, bereits bewiesenen Lehrsatz für
eine besondere Gestaltung wiederholt. Zugleich ist dort
dargelegt worden, dass die stetige Natur des Raumes
es ermöglicht, alle Einzelfälle eines Lehrsatzes zu übersehen und somit in diesem Gebiete eine wahre Allgemeinheit durch Beobachtung zu gewinnen. Es
bleiben dazu blos die Axiome, zu denen auch der Lehrsatz über die Parallellinien gerechnet werden muss.
Diese sind allerdings nicht aus Conclusionen abgeleitet
und enthalten doch synthetische allgemeine Urtheile.
Hier hat Kant Recht, dass die Synthesis sich auf die
Anschauung stützt. Die Allgemeingültigkeit des Axioms
kann aber hier auch aus der Anschauung abgeleitet
werden, indem die Vorstellung des Raumes, wie sie
durch Wahrnehmung in die Seele aufgenommen ist,
keine andere Synthesis als die des Axioms gestattet;
jede andere Synthesis ist durch die Natur des Raumes
gehindert, und es kann dies für alle besonderen
Gestaltungen des Axioms erschöpfend übersehen werden.

So erklärt sich die nicht blos inductive, sondern
wahre Allgemeinheit und Nothwendigkeit der geometrischen Lehrsätze, ohne dass man mit Kant nöthig
hat, die Gegenständlichkeit des Raumes zu opfern und
in eine blosse Form der menschlichen Sinnlichkeit
umzuwandeln.

Uebrigens reicht die Hypothese Kant's nicht einmal
für seine Absicht hin. Denn selbst wenn man ihm
zugiebt, dass der Raum nur im Vorstellen des Menschen
besteht, so kann der Mensch selbst dann nur an einer
einzelnen, innerlich vorgestellten Gestalt den Lehrsatz oder das Axiom als wahr erkennen; aber die
Hauptsache, dass dieser Satz für alle einzelnen Gestalten eines Begriffs, etwa des Dreiecks, gelte, bleibt
auch bei dieser Umwandlung des Raumes in eine blosse
subjective Form der Anschauung unerledigt und erfordert noch einen besonderen Beweis, den Kant nicht

bietet, der aber durch die Beobachtung, z. B. des in
seiner Spitze sich bewegenden Dreiecks, beigebracht
werden kann *(E. 79)*. (Man vergleiche *E. 13*). Die
vermeintliche Construirung der mathematischen Begriffe wird später widerlegt werden.

9. (Kr. 81.) Vom Raume. Schluss des §. 3.

Diese Schlüsse fallen, da die Voraussetzungen irrig
sind, wie gezeigt worden ist. Es ist dies hier mit
einiger Ausführlichkeit geschehen, weil die Idealität
des Raumes im Sinne Kant's auch bei Schopenhauer
festgehalten ist und die Beweise Kant's so viel Bildendes
an sich haben, dass seine Ansicht noch gegenwärtig
den Meisten als die wahre gilt.

Nichts eignet sich besser zu ihrer Widerlegung,
als der Umstand, dass aus Kant's Annahme gar nicht
erklärt werden kann, weshalb alle Menschen einem
bestimmten Dinge-an-sich, z. B einer Billardkugel, die
gleiche Kugelgestalt und Grösse zutheilen. Ist der
Raum nur eine Form des menschlichen Sinnes, hat das
Ding selbst damit gar nichts zu schaffen, steht es ausser
allem Zusammenhange mit Raum und Gestalt, so ist
diese allgemeine, ja nothwendige Uebereinstimmung
aller Menschen in der bestimmten Grösse und Gestalt
dieses Einzeldinges völlig unbegreiflich.

Schon Herbart hat geltend gemacht, dass auch
diese Formen der Erscheinung mit Nothwendigkeit
gegeben sind.

Endlich irrt Kant, wenn er meint, dass man von
anderen Vorstellungen, z. B. von Farben, Tönen, nicht
allgemeine Urtheile bilden könne, die in seinem Sinne
auch als Urtheile a priori gelten müssen. So kann
der Maler a priori die Mischung bestimmter Farben sich
vorstellen und die Gesetze darüber entdecken, ohne
dass er sie auf der Palette zu probiren braucht; so
können die Gesetze des Generalbasses über Consonanzen,
Dissonanzen, Auflösungen u. s. w von einem Menschen
mit musikalischer Anlage auch ohne wirkliches Hören,
d. h. im blossen Vorstellen, entwickelt werden, und
zwar ganz in der Weise, wie es von dem Geometer
mit den Lehrsätzen der Geometrie geschehen kann.

10. (Kr. 82.) Von der Zeit. §. 4.

Hier kehren für die Zeit dieselben Beweisgründe wieder, welche bereits bei dem Raum als irrige dargelegt worden sind: es kann deshalb auf das Frühere Bezug genommen werden. Die Vorstellung der Zeit erscheint nur deshalb als eine nothwendige, weil man sie in den Begriff der einzelnen Erscheinungen schon mit aufgenommen hat. Die Nothwendigkeit der Zeit als Prädikat der Dinge ist nur die Folge des analytischen Urtheils. An sich kann von der Zeit ebensowohl abgesehen werden, wie von jeder anderen Bestimmung: so werden die Lehrsätze der Mathematik. der Logik. die Regeln der Sprache und selbst ein grosser Theil der Rechtsgesetze ohne alle Beimischung der Zeit vorgestellt. und selbst die Ewigkeit ist bei Spinoza und Schleiermacher kein zeitliches, ohne Ende fortdauerndes Sein, sondern ein Sein ausserhalb der Zeit. oder ein zeitloses Sein. Dies Alles zeigt, dass die von Kant behauptete Nothwendigkeit hier nicht besteht.

11. (Kr. 83.) Von der Zeit. §. 5.

Ohne Zeit kann allerdings keine Veränderung und keine Bewegung vorgestellt werden; allein auch dies ist nur ein analytischer Satz und beweist nicht, dass die Zeit zu den Vorstellungen a priori gehört, vielmehr wird mit der Wahrnehmung der Veränderung und Bewegung die Zeit ebenfalls und zwar gleichzeitig und in Einem aufgenommen; solche Wahrnehmung ist ein Ganzes, und es ist kein Grund da, weshalb ein Theil daraus dem andern vorhergehen und a priori in der Seele bestehen müsse. Uebrigens sind die Lehrsätze der Bewegungslehre nur durch Induction aus der Erfahrung abgeleitet; deren volle Allgemeinheit ist nur eine Hypothese.

12. (Kr. 89.) Von der Zeit. §. 7.

Kant behandelt die Zeitvorstellung ganz analog der Raumvorstellung. nur macht er sie zur Form des inneren Sinnes oder des Anschauens unserer selbst; d. h. der Selbstwahrnehmung (E. 5), während die Raumvorstellung nur die Form der äusseren Sinne sein

soll. Die Zeitvorstellung wird deshalb nach Kant für
äussere Dinge nur mittelbar nothwendig, indem deren
Vorstellungen erst dadurch in die Zeit fallen, dass sie
meine (inneren) Vorstellungen werden. Diese Auffassung widerspricht aber dem Wahrnehmen, welches
in der geschenen Bewegung und Veränderung der
Dinge das Entstehen und Vergehen ebenso den äussern
Dingen, wie den inneren Zuständen der Seele unmittelbar
beilegt. Auch stimmt die Zeit nicht genau mit dem
Raum; in jener steckt noch eine Bestimmung, welche
sie wesentlich vom Raume unterscheidet, und die Kant
nicht genug beachtet hat; dies ist die Bewegung
der Zeit, die auch der leeren Zeit anhaftet; denn die
Zeit wechselt zugleich mit den Dingen in ihr; die
einzelnen Zeiträume verschwinden, mögen sie mit einem
Dinge erfüllt sein oder nicht. Diese Bewegung der Zeit
müsste nach der Weise Kant's zu der a priori-Vor-
stellung der Zeit gerechnet werden; denn diese Bewegung
kann aus der Zeit nicht beseitigt werden, ohne diese selbst
aufzuheben. Demnach wäre auch der Wechsel eine
Vorstellung a priori, während Kant dies bestreitet (Kr. 47).

Raum und Zeit werden übrigens, wenn sie gegen
Kant's Ansicht als Wirklichkeiten gelten, noch nicht,
wie er sagt, „zu Undingen, welche sind, ohne dass
etwas Wirkliches ist, nur um alles Wirkliche in sich
befassen". Diese Undinge entstehen erst, wenn das
Wirkliche auf das im Raume und der Zeit Befindliche
beschränkt wird; diese Beschränkung des Begriffes
Wirklichkeit ist aber willkürlich. Wenn Raum und
Zeit auf Grund der Wahrnehmung als etwas Wirkliches
gelten, so geht der Begriff des Wirklichen weiter und
darf nicht auf das in ihnen Befindliche beschränkt werden;
sie sind dann keine Undinge. Die Täuschung kommt
hier nur von dem Leeren des Raumes und der Zeit;
man meint, das Leere könne nichts wirkliches sein;
allein jede Eigenschaft eines Dinges ist gegen die andere
leer, d. h. sie gestattet das Sein mit ihr in derselben
Stelle des Raumes und der Zeit. Das Roth der Rose ist
da, wo ihr Geruch ist und wo ihre Weichheit ist. Diese
Durchdringlichkeit oder Leere ist also kein Zeichen der
Unwirklichkeit. Auch der christliche Gott ist überall,
d. h. er durchdringt alle Dinge.

13. (Kr. 94.) Anmerkung zur Aesthetik I. §. 8.

Es ist ein Irrthum Kant's, dass bei den Gestalten der Geometrie die Wahrnehmung und Beobachtung zu keinem allgemein gültigen Satz gelangen kann. Gerade hier macht es die Stetigkeit des Raumes möglich, alle Einzelfälle eines Begriffes, z. B. des Dreiecks, so wie die allgemeine Gültigkeit einer Hülfsconstruction und eines Beweises für alle Einzelfälle durch Beobachtung (Erfahrung) zu erkennen. Die Stetigkeit des Raumes gestattet eine Bewegung oder Veränderung der einzelnen Gestalt durch alle unendlichen Einzelfälle hindurch, welcher die Beobachtung folgen und wodurch die wahre Allgemeinheit des Lehrsatzes erkannt werden kann (E. 79). Die Geometrie bildet daher in diesem Punkt eine Ausnahme von der Regel, dass Erfahrung keine allgemeinen und nothwendigen Sätze geben könne; deshalb kann auch aus dem Dasein ihrer Lehrsätze kein Beweis gegen die Wirklichkeit des Raumes entnommen werden.

14. (Kr. 96.) Anmerkung zur Aesthetik II.

Wären Raum und Zeit, wie Kant meint, blosse Verhältnisse (Beziehungen E. 31), so hätte er Recht, dass sie nichts Wirkliches seien; denn Verhältniss ist nur ein ander Wort für Beziehung, und von diesen ist Bd. I. (E. 32) ausführlich gezeigt worden, dass sie gar kein Bild oder Wissen eines Scienden sind, sondern nur Formen des Denkens. Allein Raum und Zeit, wie sie durch die Wahrnehmung der Seele zugeführt werden, sind keine solche Verhältnisse' von Oertern, sondern einige, stetig in sich zusammenhängende Dinge, welche gar keine Unterschiede oder Theile in sich enthalten und deshalb auch keine Beziehung gestatten (E. 32). Erst das Denken kann, indem es an diese Dinge herantritt, sie in Theile trennen und erst dadurch Verhältnisse in dieselben hineinbringen. Aber solches Beziehen und solche Verhältnisse erreichen und ersetzen doch nie die Vorstellung des Raumes und der Zeit selbst; denn die Oerter, welche bezogen werden, sind schon selbst Räume oder Zeiten; sie haben bereits die Stetigkeit und Einheit in sich, und

nur dadurch erklärt sich die Meinung, dass solche
Verhältnisse der Raum und die Zeit selbst seien. Nimmt
man aber zu der Beziehung nur Punkte, so erreicht man
damit nie die Vorstellung des Raumes oder der Zeit
selbst. Dies Alles zeigt, dass beide keine Beziehungen
sind und niemals aus solchen gebildet werden können.
Das Stetige in beiden ist der reine Gegensatz vom
Verhältniss.

15. (Kr. 97.) Anmerkung zur Aesthetik III.

Diese Unterscheidung Kant's zwischen Erscheinung und Schein ist in Wahrheit nur eine Unterscheidung innerhalb des Scheins. Denn dass in der
Erscheinung Bestimmungen, wie gross, gestaltet, beharrlich u. s. w., als gegenständlich (objectiv) gelten,
während sie es doch nicht sind, macht eben auch die
Erscheinung zu einem Schein. Kant will die Erscheinung
deshalb nicht für Schein gelten lassen, weil jener noch
ein Ding an sich zu Grunde liege und diesem nicht.
Indess wenn das Ding an sich völlig unerkennbar ist,
und wenn aller Inhalt der Erscheinung von diesem Ding
an sich nicht gilt, so ist solcher Inhalt leerer Schein;
umgekehrt kann Kant nicht bestreiten, dass auch jeder
Schein seine Ursache hat. Nach Kant soll die Erscheinung
sich von dem Schein dadurch unterscheiden, dass erstere
nothwendig ist, für alle Menschen gleichmässig gilt,
in der Natur unseres Erkennens liegt und deshalb nie
verschwindet; allein alles dies macht die Erscheinung
nur zu einer besonderen Art des Scheines.

16. (Kr. 98.) Anmerkung zur Aesthetik IV.

Wenn der von der natürlichen Theologie aufgestellte
Begriff Gottes und die Wirklichkeit von Raum und Zeit
unverträglich mit einander sind, so folgt für den Philosophen nicht die Unwirklichkeit dieser, sondern jenes;
zumal für das Dasein Gottes, wie Kant selbst später aus-
führt, aus der Vernunft kein Beweis geführt werden kann.

17. (Kr. 99.) Beschluss der transscend. Aesthetik.

Kein Theil der Kritik hat so schnell und dauernd
Anerkennung gefunden, als die Lehre von der Idealität
des Raumes und der Zeit. Kant hat mit grossem Geschick

die Gründe gegen die Wirklichkeit beider zusammengestellt. Man ist um so eher bereit, sich ihnen hinzugeben, als man sich in den Regionen des reinen Denkens befindet und von der Welt und ihrem sonstigen Inhalt keine Notiz nimmt. Es ist deshalb nöthig, Leser, welche den hier entwickelten Gegengründen sich nicht fügen mögen, auf die verheerenden Folgen dieser Idealität für alle Gebiete des Wissens und Handelns aufmerksam zu machen. Es wird damit nicht allein alle theoretische Erkenntniss völlig in Schein und Nebel aufgelöst; denn Erscheinung ist, wie gezeigt worden, auch nur Schein; sondern selbst die Moral und das Recht können dabei ihre Geltung nicht behalten. Das menschliche Leben, der Besitz körperlicher Dinge, die aus Zwecken und deren zeitlicher, sinnlicher Verwirklichung bestehenden menschlichen Handlungen sind so vollständig von Raum und Zeit durchzogen, dass mit Aufhebung dieser beiden auch jene unmöglich werden. Die Begriffe von Reue, Busse, Lohn, Strafe können ohne eine zeitlich vorgehende Handlung gar nicht gedacht werden. Alles, was die Handlungen zu rechten oder unrechten macht, ist von Raum und Zeit abhängig und kann ohne diese nicht vorgestellt werden. Ist also Raum und Zeit nur Schein, so ist es auch die Moral und das Recht. Kant täuscht sich, wenn er meint, seine theoretische Philosophie lasse die praktische unberührt, und letztere gewähre eine Erkenntniss der wirklichen Dinge, die bis zu Gott und der Unsterblichkeit reiche. Schon Schopenhauer hat ausgeführt, dass mit Aufhebung des Raumes und der Zeit, als Dinge-an-sich, auch die Vielheit der Menschen sich nicht erhalten könne. Er zog consequent die Folgerung, dass die vielen Menschen nur Schein sind, und dass es nur einen raum- und zeitlosen Willen gebe. Moral und Zeit setzen aber eine Mehrheit von Menschen voraus; sind diese Schein, so sind sie es auch.

Diese Consequenzen zeigen, wie nothwendig es ist, die Beweise Kant's von allen Seiten zu prüfen, ehe man sich ihnen gefangen giebt.

18. (Kr. 100.) Von der Logik überhaupt. Erster Satz.

In diesem Satz sind eine Menge Irrthümer gehäuft. Nur das Eine ist wahr, dass die Erkenntniss aus der

Verbindung von Wahrnehmen (Anschauung) und Denken
hervorgeht; den Antheil beider hat aber Kant unrichtig
aufgefasst, und dieser Irrthum bildet den fundamentalen
Irrthum seines Systems. Das Wahrnehmen giebt nicht
blos ein „Mannigfaltiges“, sondern auch dessen Einheit,
und es giebt den Gegenstand als seiend. Das Denken
reinigt nur diesen wahrgenommenen Inhalt und be-
arbeitet ihn trennend, verbindend und beziehend. Insbesondere sind die Begriffe nicht ein blos Gedachtes,
sondern es entspricht ihnen ein begriffliches Stück im
Gegenstande, und der Begriff bietet dieses Stück ebenso
unmittelbar, wie die Wahrnehmung den ganzen Gegenstand. Der Unterschied der Wahrnehmungsvorstellungen
und Begriffe ist daher nur der, dass letztere blos einen
Theil von jenen bilden.

Das Nähere ist Band I. dargelegt (E. 18). Die
abweichenden Prinzipien Kant's werden im Fortgange
der Darstellung zur Prüfung kommen.

19. (Kr. 102.) Von der Logik überhaupt. Schluss.

Es ist schon in Erl. 1 gezeigt worden, dass die Erkenntniss der Natur und Gesetze des Wissens ebenso sehr
eine Erfahrungswissenschaft ist, wie jede andere. Das
Wissen als Seelenzustand ist gegeben, und ob die Mittel,
wodurch ein Gegebenes erkannt wird, in einem Falle
die Sinne oder die Selbstwahrnehmung oder das Selbstbewusstsein sind, ändert darin nichts. Es ist vielmehr
ein Mangel der alten Logik, dass sie sich in ihrem Inhalte
auf ein zu enges Gebiet des Wissens beschränkt und
die Erkenntnissmittel und deren Natur nicht vollständig
als Lehre oder Philosophie des Wissens untersucht hat.
Davon hauptsächlich rührt die Unterschätzung und Zurück-
stellung des Wahrnehmens für die Erkenntniss des
Seienden, welche sich beinahe durch alle Systeme zieht.
Ebenso ist es Irrthum, wenn man meint, dass die
Gesetze des blossen Vorstellens, des Gedächtnisses, die
Natur der Wissensarten (E. 56) und vieles Andere in
einer Lehre des Denkens bei Seite gelassen werden
könnten. Insbesondere ist der wichtige Unterschied
der Gewissheit von der Wahrheit oder des Glaubens
und des Wissens nur durch die Umfassung des ganzen
Gebiets richtig zu erfassen.

20. (Kr. 104.) Von der transscendentalen Logik.

Der Begriff des Transscendentalen ist von
Kant schon in der Einleitung (*Kr. 65*) gegeben worden.
Transscendent ist nach Kant ein Begriff, der über
die Erscheinungen hinausgeht. Transscendental ist
ein Begriff, welcher erklärt, wie dieses transscendente
Wissen möglich ist. Da Kant diese Möglichkeit allgemeiner synthetischer Urtheile nur aus Form des
menschlichen Erkennens ableitet, so ist für ihn diese
Ableitung, mithin seine Kritik der reinen Vernunft eine
transscendentale, aber keine transscendente Erkenntniss.

21. (Kr. 105.) Eintheilung der Logik.

Diallele ist der Kunstausdruck für einen Schluss,
der sich im Kreise dreht, wo Eines auf das Andere
sich wechselseitig stützt, wie Beispiele dazu in No. 23
und 46 vorkommen werden.

22. (Kr. 106.) Eintheilung der Logik.

Wenn das Wissen entdeckt, dass seine Wahrheit von
der Quelle abhängt, aus der es abgeleitet wird, so
wird diese Quelle damit zum allgemeinen Kriterium der
Wahrheit, und Kant's Meinung, dass ein solches unmöglich sei, ist daher irrig. In Bd. I. sind als Fundamentalsätze der Wahrheit aufgestellt: 1) das Wahrgenommene
ist, und 2) das sich Widersprechende ist nicht.
In ihrer Verbindung ist das allgemeine Kriterium der
Wahrheit gegeben, d. h. jedes Wissen ist wahr, was
seinen Inhalt aus der Wahrnehmung ableitet und mit
sich oder anderem Wahren nicht in Widerspruch steht.

23. (Kr. 107.) Eintheilung der Logik. Dialektik.

Hier erkennt Kant den in Band I. (*E. 68*) aufgestellten wichtigen Satz an, dass das Denken für sich
allein das Seiende nicht erreichen kann. Die Logik
des Scheines entspringt indess hauptsächlich aus einer
auch Kant zur Last fallenden Verwechselung der Beziehungen mit den Begriffen des Seienden, wie
sich später zeigen wird.

Der Grundsatz, dass es dem Denken ohne Anschauung an einem Objecte fehle und es für sich völlig

leer sei, bedarf einer viel sorgfältigeren Untersuchung, als sie hier geschieht. Denn Kant's Beweis dreht sich im Kreise; erst erklärt er die Erkenntniss als ein aus Anschauung und Denken vereintes Wissen, und dann beweist er wieder hieraus, dass das Denken an und für sich keine Erkenntniss gebe.

Diese Leere des Denkens ist übrigens höchst zweideutig und bildet den Punkt, von dem aus Hegel später das System Kant's angegriffen hat. Nach Hegel sind die Formen des Denkens nicht leer, sondern als Gedanken vielmehr der höchste und wahrste Inhalt selbst. Hegel hat insofern Recht, als auch die Richtungen des Denkens und Beziehens mit ihren Arten zum Gegenstand einer Wissenschaft genommen werden können und dann den Inhalt derselben bilden. Versteht man aber unter Inhalt den Inhalt des Seienden, so kann das Denken diesen allerdings nur aus der Wahrnehmung entnehmen, wenn man nicht mit Hegel die beiden Fundamentalsätze (E. 68) umstossen und Sein und Denken als identisch behaupten will.

24. (Kr. 112.) Analytik der Begriffe. I. Hauptstück.

Die Meinung Kant's, dass sich die Elementarbegriffe der transscendentalen Analytik systematisch aus der Idee der Einheit des Verstandes entwickeln, ist eine Täuschung. Dieser Gedanke ist der Vorläufer der genetischen Ableitung Fichte's und der dialektischen Entwickelung Hegel's. Es giebt weder im Sein noch im Wissen ein Entstehen Eines aus dem Andern (E. 46). Kant ist deshalb auch nicht im Stande, Wort zu halten. Er stützt sich später auf die Kategorien der Logik, welche bekanntlich von Aristoteles aus dem Vorrath der Sprache empirisch aufgelesen worden sind.

Kant ist deshalb auch von Fichte und Hegel getadelt worden; der Tadel trifft freilich eine falsche Stelle, wie sich später zeigen wird.

25. (Kr. 113.) Vom logischen Verstandesgebrauch. §. 8.

In diesem Abschnitt sucht Kant etwas künstlich die Einheit seiner späteren Kategorien auf die Einheit im Urtheilen zurückzuführen, um es zu rechtfertigen,

dass er diese Kategorien in §. 9 aus den verschiedenen
Arten der Urtheile ableitet. An sich sind die Begriffe
nicht blos zum Urtheilen da, sondern sie bezeichnen ein
begriffliches Stück des Gegenstandes so unmittelbar,
wie die Wahrnehmung den ganzen Gegenstand Die
Einheit, um welche es Kant hier zu thun ist, ist
ebenso im Begriff wie im Urtheile enthalten, und in
beiden kehren dieselben Arten der Einheit wieder, im
Begriff ist die Einheit seiner Merkmale nur nicht besonders hervortretend, während bei dem Urtheile sie
ihren besonderen Ausdruck in der Copula erhält. Die
Einheit ist entweder eine Seins-Einheit, welche in
dem Gegenstande besteht, oder eine Beziehungs-
Einheit, welche nur im Denken vollzogen wird. Jene
Eine Einheit wird wahrgenommen und ist als eine gegebene
schon in der Wahrnehmung des Gegenstandes enthalten;
diese verbindet mehrere Dinge durch die Beziehungsformen
nur erst im Denken. Das Nähere ist Bd. I. dargelegt. (E. 53).
Es ist einer der grössten Mängel der Kritik Kant's, dass
es diese zwei Arten der Einheit nicht unterschieden,
sondern mit einander vermengt und verwechselt hat.

26. (Kr. 114.) Der erste Satz von §. 9.

In dem Worte Finden wird das empirische, auf
der Beobachtung der einzelnen Fälle gestützte Suchen
der unterschiedenen Einheiten, im Gegensatz ihrer angeblichen Entwickelung aus der Idee, von Kant selbst
anerkannt.

27. (Kr. 116.) Von den logischen Functionen des Verstandes §. 9, No. 2.

Die verneinenden Urtheile (der Mensch ist nicht
sterblich) verneinen die Kopula und somit das Urtheil
als solches, welches sein Wesen in der Kopula hat. Die
unendlichen Urtheile (der Mensch ist nicht-sterblich)
verneinen nicht die Copula, zerstören also das Urtheil
als solches, nicht, nur ihr Prädicat ist ein verneinendes
und deshalb nach Kant unendlich. Diese Unendlichkeit
ist indess nicht vorhanden, wenn die Negation nicht
contradictorisch, sondern nur conträr gemeint ist (der
Mensch ist nicht krank, d. h. gesund, in welchem

2*

Prädicat keine Unendlichkeit enthalten ist) (*E. 33*). Diese schiefen Ergebnisse sind die Folge, dass Kant die Einheitsformen nicht für sich untersucht hat.

28. (Kr. 117.) Von der logischen Function des Verstandes. §. 9, No. 3.

Das hypothetische Urtheil kann ebenso einfach wie das kategorische ausgedrückt werden, wenn man nur nicht fälschlich darauf besteht, dass die Einheitsformen des Urtheiles, d. h. die Kopula, immer mit „ist" ausgedrückt werden sollen. Setzt man statt dessen: bewirkt, erzeugt u. s. w., so sind diese Urtheile ebenso einfach: z. B. der Blitz bewirkt den Donner; Reiben erzeugt Elektrizität; eine vollkommene Gerechtigkeit bewirkt Bestrafung des Bösen. Die Beiworte in dem letzten Urtheile heben die Einfachheit des Urtheils nicht auf, sondern dienen nur zur vollständigeren Bestimmung des Subjects und Prädicats. Bei dieser Form fällt überdem die Zweideutigkeit weg, dass der Inhalt des Urtheils als existirend gemeint sei, und es tritt die Eigenthümlichkeit dieser Urtheils, welche in der Kausalitäts-Einheit liegt (*E. 46*), deutlicher hervor.

Das disjunctive Urtheil beruht auf der Beziehungs-form des Oder (*E. 37*).

29. (Kr. 118.) Von der Modalität.

Die Modalität der Urtheile betrifft nicht die Dinge, sondern nur unsere Art, sie zu wissen; sie gehört zu den Wisssensarten (*E. 56*). Kant hat hier ganz richtig bemerkt, dass sie zum Inhalte des Urtheils nichts beitrage, d. h. von dem beurtheilten Gegenstande selbst nichts aussage. Allein auch hier bleibt seine Untersuchung unvollständig, weil sie sich auf die Urtheile der alten Logik beschränkt, in welcher die Wissensarten nicht erschöpft sind.

30. (Kr. 123.) Die Kategorien. §. 10.

In diesem Paragraph erscheinen die berühmten Kategorien Kant's. Sie sind nach ihm die Einheitsformen, in welchen das Denken das Mannigfache der

Anschauung vereint, damit zu einer Vorstellung eines
Gegenständlichen verbindet und so alle Erkenntniss erst
ermöglicht. Ist in der Wahrnehmung nur das Mannigfache und kann dessen Einheit nur vom Denken kommen,
so ist das Prinzip Kant's richtig. Allein es ist in
Bd. I. (E. 26) gezeigt worden, dass es auch wahrgenommene Einheiten giebt, welche deshalb schon in
dem Gegenstande sind. Diese seiende Einheit des
Mannigfachen eines Gegenstandes ist deshalb schon in
der Wahrnehmung (Anschauung) enthalten, und sie bedarf
keiner Kategorie oder Einheit, die vom Denken ausgehen
müsste, um die Vorstellung des Gegenstandes zu ermöglichen. Damit fällt die ganze Kategorienlehre Kant's
und sein transcendentaler Idealismus. Will man die Grundbegriffe des Wissens Kategorien nennen und ordnen, so
müssen nicht eine, sondern zwei Tafeln angelegt werden,
von denen die eine die Grundbegriffe des Seins, die
andere die Grundbegriffe des Wissens enthält (E. 74).

31. (Kr. 124.) Die Kategorien. §. 11. Erster Satz.

Kant hat mit grosser Ausdauer seine Kategorientafel
zum allgemeinen Schema der Wissenschaften und jeder
menschlichen Erkenntniss überhaupt zu machen gesucht.
Allein das Unnatürliche und Erzwungene eines solchen
Schema's, das für jeden Gegenstand gelten soll, leuchtet
schon in Kant's eigenen Versuchen (Kritik der praktischen
Vernunft, der Urtheilskraft, Anfangsgründe der Naturwissenschaft) hervor. Man hat auch dieses Schema bald
wieder aufgegeben. Der Inhalt eines Gegenstandes oder
Gebietes kann nur durch Beobachtung aus diesem selbst
geschöpft werden, und die Anordnung dieses gefundenen
Inhaltes ist stets nur ein Beziehen desselben im Denken,
welches nicht durch den Gegenstand, sondern durch die
Natur der Sprache und durch die Fassungskraft des
Schülers bestimmt wird (E. 83).

32. (Kr. 126.) Die Kategorien. §. 11. Schluss.

Die hier von Kant für einige Kategorien gegebenen
Definitionen sind unrichtig. Diese Kategorien als Grundbegriffe können nicht weiter aufgelöst und deshalb auch

nicht definirt werden. Alle diese Kategorien, mit Ausnahme der Realität und des Daseins, sind nur Beziehungsformen, aber nicht einmal eine vollständige Aufzählung
derselben, wie Bd I ergiebt (*E.* 74).

Die Ableitung der Wechselwirkung aus dem Oder
des disjunktiven Urtheils ist verfehlt. Die Wechselwirkung ist nur eine Unterart der Ursachlichkeit (*E.* 45)

33. (Kr. 128.) Von den Kategorien. §. 12.

Die hier von Kant dem aus der scholastischen
Philosophie stammenden Satze gegebene Auslegung ist
bedenklich. Das *Unum* mag die Kategorie der Einheit
bedeuten, aber das *Verum* und *Bonum* kann in der
Kategorientafel sich nicht finden, weil Kant nur die
Kategorien des Seins geben will, das *Verum* aber zu
den Kategorien des Wissens und das *Bonum* zu den
Kategorien des Sollens (Ethik) gehört.

34. (Kr. 137.) Die Deduction der Kategorien. §. 13, 14.

Diese Vorbereitungen auf die transscendentale
Deduction der Kategorien bewegen sich in dem einfachen Gedanken, dass, um eine Erscheinung als
gegenständlich zu erkennen, von Seiten der Seele nicht
blos die Hinzufügung einer sinnlichen Form (Raum,
Zeit) zu der Materie der Empfindung erforderlich ist,
sondern auch die Hinzufügung eines Begriffes, durch
welchen erst das Mannigfache der Anschauung zu einem
Gegenstande der Erfahrung erhoben wird. In jedem
Gegenstande der Erfahrung steckt nach Kant eine
zwiefache Zuthat der Seele: eine sinnliche und eine
begriffliche. Diese letztere sind die Kategorien,
und die Deduction derselben hat zu zeigen, wie es zugeht,
dass in jeder Erfahrung diese Kategorien enthalten sein
müssen, oder was die Seele zwingt, die Kategorien in
ihr Vorstellen eines Gegenstandes aufzunehmen.

35. (Kr. 138.) Deduction der Kategorien. §. 15.
Erster Satz.

Das Wort Verbindung ist zweideutig. Insofern
es eine Thätigkeit enthält, welche sich bei dem Wahrnehmen nicht zeigt, kann es nur auf das verbindende
Denken (*E.* 24) bezogen werden, und geht dann solches

Verbinden allerdings nur von der Seele aus. Anders
verhält es sich aber, wenn man darunter die Einheit
des Mannigfaltigen überhaupt versteht. Dann zeigt die
Untersuchung, dass solche Einheit auch schon in dem
Wahrgenommenen besteht, und dass diese Einheit des
An- und Incinander oder der Berührung und der
Durchdringung (*E. 26*) auch ohne Denken und ohne
Thätigkeit durch das blosse Wahrnehmen der Seele zugeführt wird, mithin als eine seiende Bestimmung der
Dinge selbst gelten muss. Der Beweis hierfür liegt zunächst darin, dass die Seele von einem solchen Hinzufügen der Kategorie zu dem angeblich blos Mannigfaltigen
und Ungeordneten der Wahrnehmung nicht das Mindeste
bemerken kann, obgleich ein solcher innerer Vorgang
ihres Denkens ihr nicht unbewusst bleiben könnte. Sodann
würde bei solcher Ansicht die Wahrnehmung räumlicher
und zeitlicher Grössen ganz unmöglich werden. Denn
in diesen stetigen Grössen fehlen die einfachen Elemente,
welche die Seele doch empfangen müsste, wenn sie sie
verbinden sollte, und wenn die bestimmte Grösse eines
Gegenstandes erst durch deren Verbindung entstände.
Endlich würde bei dieser Ansicht die Festigkeit der Erfahrung, ihre Gleichheit für alle Menschen zu Grunde
gehen. Wenn die Einheit nicht im Gegenstande besteht,
sondern von der Seele hinzugefügt wird, so ist die Seele
in der Wahl der Einheit (Kategorie) durch den Gegenstand nicht beschränkt, und der Eine könnte alsdann
dem Mannigfaltigen einer Anschauung die Kategorie der
Einheit, der Andere die der Vielheit, der Dritte die der Allheit oder Causalität überziehen. Da dies im Wahrnehmen
nicht angeht, so zeigt dies, dass die Einheit schon im
Gegenstande enthalten ist und bei dem Wahrnehmen
in das Wissen der Seele mit eingeht. Man sehe *Erl. 46, 48.*

36. (Kr. 138.) Deduction der Kategorien. §. 15.
Zweiter Satz.

Diese Auffassung Kant's ist schwerfällig. Die
Einheit ist nicht neben dem Verbinden ein Besonderes,
sondern die Verbindung ist dasselbe wie die Einheit.
Eine Thätigkeit, ein Denken ist nur deshalb eine Synthesis, ein Verbinden, weil die Einheit oder Verbindung

aus ihm hervorgeht. Ebenso sind die verschiedenen
Formen der Einheit (Kategorien) nicht wieder ein Besonderes neben der Einheit, sie sind letzterer nicht
coordinirt, sondern subordinirt: jene Einheit ist
die allgemeine, welche sich in jene Formen nur be-
sondert, wie der Begriff des Dreiecks in gleichseitige,
gleichschenklige und ungleichseitige Dreiecke. Endlich
kann der Grund der Einheit oder die einende Kraft,
welche in den Kategorien liegt, nicht aus etwas Anderem
abgeleitet werden, ohne in eine Reihe ohne Ende zu
gerathen. Man muss endlich bei einer Bestimmung
als letzter stehen bleiben, welche durch ihre eigene
Natur das von ihr erfasste Mannigfache vereint. Die
Darstellung Kant's in dem Folgenden leidet nur deshalb an Dunkelheit, weil er nach einem solchen
besonderen und höheren Grunde der Einheit sucht.

37. (Kr. 142.) Die Einheit der Apperception. §. 16.

Der Beginn dieses Paragraphen ist so unklar, dass
schon Schopenhauer und Hegel dies gerügt haben.
Das: Ich denke enthält zweierlei, das Ich und das
Denken, was Kant hier Selbstbewusstsein nennt.
Man kann nun aus dem ganzen Paragraphen nicht er-
sehen, ob die Einheit, auf die es Kant ankommt, ihren
Grund in dem Ich oder in dem Wissen (Bewusstsein)
haben soll. Das Ich ist allerdings in jeder meiner
Vorstellungen; allein dies kann keine Einheit derselben
bewirken, weil dann alles Vorstellen in mir nur eine
einzige Einheit sein könnte und alle Trennung der Vorstellungen damit unmöglich würde. Das zweite, das
Bewusstsein, ist ebenfalls untrennbar in jeder Vorstellung; es ist ebenso bei getrennten wie bei verbundenen
Vorstellungen vorhanden. So sucht man vergeblich, wie
in dem „Ich denke" der letzte Grund der gegenständlichen Einheit liegen soll. Kant selbst giebt im Fortgange
zu, dass dieses Selbstbewusstsein noch nicht die Synthesis
selbst sei, sondern nur ihre Bedingung; dennoch sagt
er am Schluss des Paragraphen, „dass das identische
Selbstbewusstsein so viel sei, als dass ich mir
einer Synthesis der Vorstellungen bewusst bin."
Diese Dunkelheit und Verwirrung ist die Folge davon,
dass Kant sich nicht bei der einenden Wirkung der

einzelnen Kategorien beruhigt, sondern nach einem
höheren Grunde dafür sucht. Ein solcher ist nicht vorhanden; diese Wirkung, die den einzelnen Einheitsformen
des Seins und Wissens anhaftet, ist nicht weiter zu
erklären: die Kategorien sind schon das Letzte hierfür,
über das man nicht hinaus kann. Das Ich und das
Bewusstsein ist dazu ganz ungeeignet, weil Beides
sowohl bei getrennten wie bei vereinten Vorstellungen
vorhanden ist. Die Einheit, welche im Ich und im
Bewusstsein liegt, wirkt keine Einheit der vorgestellten
Gegenstände, keine objective, sondern nur eine
subjective, wonach alle einzelnen Vorstellungen
demselben Subjecte angehören. Kant hat hier beide
verwechselt.

38. (Kr. 142.) Einheit der Apperception. §. 17.

Es ist schon oben bemerkt, dass das Setzen des Inhaltes
einer Wahrnehmung ausserhalb ihrer, also als Gegenstand
kein Denken ist, sondern jeder Wahrnehmung schon als
solcher mit Nothwendigkeit anhaftet, so dass es schon
in dem Sehen des neugeborenen Kindes enthalten ist,
welches nach dem gesehenen Lichte greift. Diese Bestimmung macht das Sein und die Gegenständlichkeit des gewussten Inhaltes aus, so dass das Sein nur
dem Wahrnehmen, nicht dem Denken zugehört. Deshalb
entsteht auch das Object, d. h. der Gegenstand nicht
durch das Denken, wie Kant meint, ausgenommen, wenn
das Denken im blossen Vorstellen eine Verbindung an sich
getrennter Bestimmungen vornimmt, wie z. B. in der
Vorstellung der Sphinx. Das Beispiel Kant's mit der
Linie zeigt dies deutlich. Um eine Linie als einen
Gegenstand vorzustellen, ist nur das Sehen der Linie,
nicht das Ziehen derselben nöthig; dass diese Linie als
eine aufgefasst wird, beruht lediglich auf ihrer Stetigkeit,
oder dem Aneinander aller ihrer Theile. Keine der
zwölf Kant'schen Kategorien hilft zu dieser Einheit der
Linie. Uebrigens zeigt dieser §. 17 deutlich, dass Kant
die subjective Einheit der Vorstellungen im Ich mit
der objectiven Einheit ihres Inhaltes im Gegenstande verwechselt oder wenigstens letztere aus jener
ableitet, wozu sie ganz ungeeignet ist, weil jene Einheit im Ich überall und immer besteht, mithin dann

alle Trennung der Gegenstände als besonderer ganz
unmöglich wäre, obgleich diese doch auch im Vorstellen
geschieht. Man sehe die Anmerk. Bd. II., 140, 142.

39. (Kr. 146.) Einheit der Apperception. §.§. 18, 19.

In diesen §§. 18 u. 18 unterscheidet Kant subjective
und objective Einheit; um so auffallender bleibt es, dass
er nicht bemerkt, dass letztere nie aus ersterer abgeleitet
werden kann, wie Kant doch versucht.

40. (Kr. 148.) Anmerkung. §. 21.

In dieser Schlussbemerkung bekennt Kant offen,
dass die Besonderung der Formen der Sinnlichkeit
und die verschiedenen Kategorien des Denkens nicht
aus einem Höheren abgeleitet werden können, sondern
dass diese Unterschiede nach Zahl und Art nur so zu
nehmen sind, wie sie die Selbstbeobachtung findet.
Dies ist das Gegentheil seiner früher (Kr. 112) be-
haupteten systematischen Einheit, welche aus der Idee
der Vernunft folge.

41. (Kr. 149.) Kategoriengebrauch. §. 22.

Dies Wort: Sinne darf nicht streng genommen
werden; Kant versteht hier auch die Selbstwahrnehmung
darunter.

42. (Kr. 149.) Kategoriengebrauch. §. 22.

Hier wird der erste Fundamentalsatz des Realismus
(E. 68) offen ausgesprochen: alle Erkenntniss ist
durch die Wahrnehmung bedingt und kann
nicht über deren Inhalt hinaus. Damit brach Kant
mit der bisherigen Metaphysik. Kant würde deshalb
als der Begründer des Realismus gelten müssen, wenn
nicht seine noch mangelhafte Untersuchung des Wissens
ihn verleitet hätte, auch der Wahrnehmung zu miss-
trauen, auch ihren Inhalt nur für Schein zu nehmen
und nur die Empfindung des Materialen in der Wahrnehmung causal von dem Ding-an-sich abzuleiten,
obgleich doch dieses Materiale ebenfalls nur ein sub-
jectives sein soll (Kr. 79). Kant gerieth nur deshalb
in den Idealismus; aber seinem ganzen Geiste nach gehört
er schon der realistischen Richtungan; der Unterschied

bei ihm läuft beinahe nur auf den Wortstreit hinaus, ob man das Seiende Erscheinung oder das Ding selbst nennen soll. — Auch die Mathematik ist nur Erfahrungswissenschaft, wie Bd. I. (*E. 79*) gezeigt worden. Der Umstand, dass man ohne Wahrnehmung, rein im bildlichen Vorstellen, ihre Sätze entwickeln kann, hebt diese ihre Natur nicht auf.

43. (Kr. 153.) Kategorien-Anwendung. §. 24.

Diese Spaltung der Synthesis in figürliche und intellectuelle macht die Hypothese Kant's noch verwickelter und vermehrt die Bedenken gegen sie. Die figürliche Synthesis wird später in dem Abschnitte von dem Schematismus der reinen Verstandesbegriffe ausführlicher dargestellt.

44. (Kr. 155.) Innerer Sinn. Schluss des §. 24.

Hiernach hat der Mensch auch keine Kenntniss seiner selbst. Die Zeit, die Kategorien haften nicht dem Ich als Ding-an-sich an, sondern sind subjective Zuthaten. Der Mensch kennt daher sein Ich nur in der unwahren Gestalt der Erscheinung.

Dieses Ergebniss ist im Sinne Kant's folgerichtig; ja man muss den Muth Kant's bewundern, der vor dieser Konsequenz nicht zurückschrak; allein das Ergebniss bleibt dessen ungeachtet so widernatürlich, dass es Kant wohl gegen die Richtigkeit der Prämissen hätte bedenklich machen sollen.

45. (Kr. 157.) Das Ich. §. 25.

Kant sucht hier wenigstens das Dasein-an-sich des Ichs zu retten und von der Erscheinung desselben, die seiner weiteren Bestimmtheit anhängt, zu befreien.

Der Beweis ist indess bedenklich, weil, so weit das Denken als Thätigkeit einer einzelnen Seele auftritt, es mit seienden Elementen gemischt ist, und diese seienden Elemente nur durch Wahrnehmung gewonnen werden können. Führt aber die Wahrnehmung nach Kant überhaupt nicht zu dem Ding-an-sich, so kann es auch hier nicht geschehen. Uebrigens ist der Gewinn nicht der Rede werth; denn das blosse Sein, von dem keine nähere Bestimmung erkannt werden kann, ist so arm, dass es Hegel bekanntlich dem Nichts gleichgestellt hat.

46. Kr. 158. Anwendung der Kategorien. §. 26.

Hier erkennt Kant an, dass auch die Vorstellungen des Raumes und der Zeit schon eine Einheit enthalten. Kant will diese aus der Synthesis des Verstandes ableiten; allein, welches sind die Elemente, welche durch diese Synthesis der Verstand verbinden könnte? Offenbar nur kleinere Räume und kleinere Zeiten, bei denen aber dieselbe Frage nach ihrer Einheit widerkehrt. So bleiben aber nur die Punkte als solche Elemente; allein aus diesen kann nach der eigenen Erklärung Kant's kein Raum und keine Zeit entstehen. Somit erhellt, dass der Synthesis des Verstandes hier die Elemente fehlen; und wenn dennoch diese Einheit räumlicher und zeitlicher Grössen im Vorstellen besteht, so erhellt, dass diese Einheit nicht von einer Synthesis des Verstandes kommt, sondern von der Einheit des Gegenstandes, dessen stetige Natur durch die Wahrnehmung allein der Seele zugeführt wird.

Deshalb ist die Einheit stetiger Raum- und Zeit-Grössen das Erste; ihre Theilung ist das Spätere, und die Einheit jener geht nicht aus einer Verbindung von zuvor gegebenen Theilen hervor, sondern wird als seiende Einheit und Stetigkeit unmittelbar wahrgenommen.

47. (Kr. 159.) Kategorien. §. 26.

Das Gleiche und der darauf gestützte Begriff der Grösse, welche Kant hier als Kategorien behandelt, stehen gar nicht in seiner Kategorientafel und hätten ihn darauf führen sollen, dass seine Tafel unvollständig ist. Die Kategorien der Quantität, die Eins, das Viele, das Alle sind nicht das Gleiche. Diese Kategorien führen nur zur diskreten Grösse oder zur Zahl.

48. (Kr. 160.) Kategorien. §. 26.

Wenn man auch Kant zugeben wollte, dass die Kategorien an sich zur Verbindung des Mannigfaltigen einer Anschauung und somit zur Herstellung eines Gegenstandes nothwendig seien, so wiederholt sich doch hier

dasselbe Bedenken gegen seine Theorie, was aus der
Bestimmtheit der einzelnen Gegenstände schon oben
(*E. 35*), entnommen worden ist. Wenn Raum und Zeit
mit den Dingen-an-sich gar nichts zu schaffen haben, wenn
sie als Formen der Sinnlichkeit rein von der Seele dem
Material der Empfindung wie ein Kleid übergezogen
werden, so ist völlig unerklärlich, dass alle Menschen
einem bestimmten Ding-an-sich immer dasselbe Kleid
oder dieselbe Gestalt und Kategorie anziehen. Man
versteht dann nicht, weshalb alle Menschen diese Kugel
als rund und Manche nicht als eckig sehen. Beides
sind Raumgestalten, welche die Seele nach Kant nur aus
sich selbst hinzuthut; welches ist da der Grund, dass
alle Seelen immer dasselbe Kleid aus ihrem Vorrath
wählen, um es diesem Ding-an-sich umzuthun, welches
doch nicht den mindesten Einfluss auf diese Auswahl
äussern kann?   .

Dasselbe gilt für die Zeitbestimmungen. Wenn die
Dinge-an-sich gar nicht in der Zeit sind, wenn diese
ihnen ein durchaus Fremdes ist, wie kommt es, dass
man das Ding-an-sich, welches im Blitz steckt, immer
zeitlich vor das Ding-an-sich setzt, was im Donner
steckt? Und wie kommt es, dass man die verschiedenen
Dinge-an-sich, welche hinter der Erscheinung der Sterne
am Himmel stecken, immer als zeitlich zugleich
setzt und nicht auch einmal nach einander? Diese subjectiven Formen der Zeit haben mit den Dingen-an-sich
nicht den mindesten Zusammenhang und können deshalb
deren Auswahl nicht bestimmen. Dennoch fühlt sich
der Mensch auch in diesen Formen der Zeit und des
Raumes bei jeder Wahrnehmung gebunden, und alle
Menschen geben einem bestimmten Dinge-an-sich die
gleiche Form.

Für diesen Umstand bleibt Kant jede Erklärung
schuldig, und dadurch allein ist seine Hypothese über
die Idealität von Raum und Zeit unhaltbar.

Dasselbe Bedenken wiederholt sich bei den Kategorien. Wenn diese nur Zuthaten der Seele sind,
welche mit dem Ding-an-sich ausser allem Zusammenhange stehen, so fragt es sich: Weshalb wird auf das in
der Anschauung gegebene Mannigfaltige dieses Dinges-
an-sich immer und von allen Menschen die Kategorie

der Einheit und nicht die der Vielheit, und die Kategorie der Bejahung und nicht die der Negation oder der Limitation angewendet? weshalb zieht man über das Mannigfaltige dieses Dinges-an-sich immer die Kategorie der Ursachlichkeit und nicht die der Wechselwirkung oder die der Substantialität?

In der blossen Mannigfaltigkeit der Anschauung kann der Grund nicht liegen, denn diese Mannigfaltigkeit liegt in jeder Anschauung und passt zu jeder Kategorie; eben so wenig in der Nothwendigkeit der Einheit der Apperception, denn jede Kategorie ist nach Kant gleich gut geeignet, die Verbindung dieses Mannigfaltigen oder seine Einheit zu bewirken.

Es ist auffallend, dass Kant diesen so nahe liegenden Einwand nicht bemerkt hat, welchen Herbart schon geltend gemacht hat.

49. (Kr. 160.) Kategorien. Schluss des §. 26.

Ein Räthsel entsteht hier erst, wenn man die Beziehungen als Begriffe des Seienden nimmt; wenn man meint, auch ausserhalb der Mathematik beständen in den Wissenschaften wirkliche allgemeine, nicht bloss auf Induction gestützte Gesetze, und wenn man übersieht, dass innerhalb der Mathematik die Allgemeinheit ihrer Lehrsätze durch Beobachtung ausnahmsweise gewonnen werden kann. Lässt man diese Irrthümer bei Seite, und tritt man der realistischen, in Bd. I. dargelegten Auffassung bei, so verschwinden die Räthsel, welche Kant zu sehen meinte, und das menschliche Wissen braucht nicht zu dem verzweifelten Mittel zu greifen, Raum, Zeit und die Stammbegriffe des Seienden als blosse subjective Formen der menschlichen Seele zu behaupten und damit alles Wissen und alle Wissenschaft in Schein umzuwandeln.

50. (Kr. 164.) Kategorien. §. 27.

Der Abschnitt der Kritik von S. 137—164 ist ein Zusatz der zweiten Ausgabe; in der ersten Ausgabe von 1781 lautet diese Deduction so, wie sie am Schluss der Kritik in den Nachträgen abgedruckt ist.

Vergleicht man beide Darstellungen, so zeigt sich, dass die der ersten Ausgabe die verständlichere ist; im

Ganzen bleibt aber auch da die Sache dunkel, weil es unmöglich ist, für die einende Kraft gewisser Bestimmungen noch eine höhere Einheit oder einen höheren Grund anzugeben. Man vergleiche Bd. 22, S. 149.

Selbst wenn alle Verbindung auf einer Synthesis des Verstandes beruht, wie Kant meint, so muss doch diese Verbindung, als Resultat dieser Synthesis, irgend wie bemerkbar sein, irgend etwas darstellen, irgend eine gegenständliche Bestimmung sein, und so liegt die Einheit nie blos in der Spontaneität oder Thätigkeit des Verstandes, sondern wird in dem Resultate derselben gegenständlich. Erst wegen dieser in dem Resultate hervortretenden Einheit wird die vorgehende Thätigkeit eine verbindende. Erst an den Ergebnissen unterscheidet sich das Trennen und das Verbinden des Verstandes. Es ist deshalb unmöglich, die Einheit wieder aus einem Anderen abzuleiten, und deshalb dreht sich die Deduction Kant's, die dies erreichen will, im Kreise und bleibt in beiden Ausgaben dunkel und unverständlich.

Insbesondere stützt Kant in der ersten Ausgabe diese Einheit der Apperception noch bestimmter auf die Einheit des Ichs, als des Selbstbewusstseins, welches in allen Vorstellungen eines Menschen dasselbe sei. Allein diese Einheit ist nur subjectiv, macht nur die Vorstellungen zu den meinigen, aber für die objective Einheit des Vorgestellten kann sie nichts wirken; zumal das Denken selbst die subjective Einheit der Vorstellungen (in der Ideenassociation) sehr bestimmt von der objectiven Einheit ihres Inhaltes unterscheidet. Wäre das Ich der Grund der objectiven Einheit, so gäbe es gar keine besonderen oder getrennten Objecte für den Menschen. Das Ich würde jede solche Trennung hindern.

Auch tritt in der ersten Ausgabe die Meinung Kant's deutlicher hervor, dass die Einheit aller Gegenstände nur durch ein successives Denken ihres Mannigfaltigen (Bewegung) entstehe, eine Meinung, der auch Trendelenburg zugethan ist. Allein dies ist bei Gegenständen, die das Auge, ohne sich zu wenden, mit einem Blick übersehen kann, durchaus falsch; die Wahrnehmung dieses Bleistifts, dieses Apfels ist nach Grösse, Gestalt, Farbe u. s. w. eine momentane; ebenso die

Wahrnehmung einer kurzen Linie. Ich kann mir wohl
auch das Ziehen der Linie vorstellen, aber die Wahrnehmung der Linie, wie ihre bildliche Vorstellung, ist
von diesem Ziehen nicht bedingt: sie tritt bei allen
übersehbaren Gegenständen mit einem Male ein.

51. (Kr. 165.) Analytik der Grundsätze.

Kant braucht hier das Wort: Wahrheit in einer
unzulässigen Ausdehnung. Auch die transscendentale
Analytik giebt nur Grundsätze für die Erscheinungen;
diese sind aber nicht Dinge-an-sich, sondern nur ein
Schein, wenn auch ein für alle Menschen unvermeid-
licher Schein. Die Lehre von solchem Schein kann
daher keine Lehre der Wahrheit sein; zu dieser gehört,
dass das Wissen mit dem wirklich Seienden. d, h. mit
den Dingen-an-sich, übereinstimme. Auch die Erkenntniss
dieses Scheines, welche die Kritik bietet, ändert hierin
nichts.

52. (Kr. 167.) Analytik. Einleitung.

Ueber die Natur des Urtheilens und den Werth
der Beispiele wird auf Bd I. (E. 20) verwiesen, wo
die Darstellung Kant's bereits erörtert worden ist.

53. (Kr. 172.). Schematismus der Verstandesbegriffe.

Diese Darstellung Kant's vom Schema und Begriff
kann nur verstanden werden, wenn die Lehre vom
begrifflichen Trennen aus Bd. I. (E. 16) hinzugenommen
wird. Man wird dann bemerken, dass Kant's Unterscheidung des Schema's einer Figur (Dreiecks) von
ihrem Begriff ein Irrthum ist, der nur daher kommt,
dass er den Begriff ganz von der Anschauung absondert,
während doch der Begriff nur aus einer besonderen,
der Seele eigenthümlichen Art des Trennens des
Angeschauten hervorgeht, also dem Gegenstande eben
so nahe bleibt wie die Anschauung selbst, so unmittelbar
ist, wie diese, und sich nur dadurch von ihr unterscheidet, dass der Begriff ein Stück. und zwar ein
begriffliches Stück vom Gegenstande befasst, während
die Anschauung das Ganze desselben bietet. Schema
und Begriff sind deshalb ein und dasselbe. Indem
Kant sich zur Einschiebung eines Schema's entschloss,

erhellt, dass er die Anschaulichkeit des in dem Begriffe
Vorgestellten wohl spürte, aber sie bei seiner Auffassung
der Begriffe sich nicht anders erklären konnte, als durch
Einschiebung des Schemas. Da aber bei dem Schema
die eigenthümliche Schwierigkeit es anschaulich vorzustellen, ebenso wie bei dem Begriffe wiederkehrt, so
sucht Kant dieser dadurch auszuweichen, dass er das
Schema in eine Thätigkeit, in eine Construction
des Begriffes umwandelt. Allein ehe diese Thätigkeit
nicht vollendet ist, ist auch das Schema noch nicht
da, und wenn sie vollendet ist, ist dieses Schema
nicht mehr Thätigkeit, sondern Bild. Man sieht also,
dass die Anschaulichkeit der Begriffe, welche dem Un-
geübten schwer fällt, durch die Einschiebung des
Schema's nicht erleichtert ist Dieses Schema erscheint
deshalb als eine überflüssige Erfindung Kant's, in die
sich selbst sein Verehrer Schopenhauer nicht hat
finden können. Wenn übrigens die Kategorien Kant's
keine Anschaulichkeit oder kein Gleichartiges mit
der Anschauung enthalten, so liegt dies nicht darin,
dass sie Begriffe sind, sondern darin, dass sie
Beziehungen sind, welche nur irrthümlich von Kant
für Begriffe des Seienden gehalten werden (*E. 32*).

54. (Kr. 176.) Schematismus des Verstandes.

Da die Kategorien Kant's nur Beziehungsformen
und Wissensarten, aber keine Seinsbegriffe (*E. 19*)
sind, so können sie niemals das Bild eines Seienden
bieten; auch die Schemata Kant's können diesen
Mangel nicht ersetzen. Das Schiefe und Unklare in
der Darstellung dieser Schemata wird der Leser selbst
empfinden, und die der Darstellung Kant's hier an-
haftende Dunkelheit ist nicht zu beseitigen. So ist die
Zahl durchaus keine Vorstellung, welche nur successiv,
durch Addition von Eins zu Eins sich bilden muss.
Man kann auf diesem Wege zu ihr gelangen, aber
sie ist auch momentan da, wenn eine Mehrheit von
gleichzeitigen Gegenständen mit der Zahl-Beziehung
umfasst wird. Selbst das successive Zählen ist nur
die Vorbereitung zu der zu erreichenden Zahl; diese
selbst tritt erst in die Seele mit der letzten Eins des

Zählens. Das Zählen dient nicht dazu, die betreffende
Zahl zu bilden, sondern nur die mehreren Dinge,
welche die Zahl umfassen soll, zu erzeugen, wobei es
für die Zahl gleichgültig ist, ob diese Mehreren sicht-
bar als Thaler auf dem Tische liegen, oder hörbar als
Laute oder Schläge der Uhr sich folgen.

Das Momentane der Zahlbeziehung erhellt am
deutlichsten bei kleinen Zahlen; die drei Thaler auf
dem Tische brauche ich nicht zu zählen; die Drei ist
sofort da. Auch bei einer grösseren Menge von Dingen
(einer Reihe Thalern) habe ich ihre Zahl sofort, nur
ihre Angabe in dekadischer Form kann ich nicht
sofort machen; und deshalb zähle ich sie.

Noch auffälliger ist es, wenn Kant meint, dass
auch die Empfindung (das Materiale der Anschauung)
sich nur gleichförmig und continuirlich in der Zeit, also
allmälig von Null ab erzeuge. Die Wahrnehmung
z. B. der Tiefe dieses Roths, der Stärke dieses Knalls,
der Schwere dieses Gewichts ist vielmehr durchaus
momentan; so momentan wie die Wahrnehmung der
Gestalt, der Farbe, des Tones an sich. Nach Kant
müssten starke Grade, wie z. B. sehr tiefe Farben, starke
Töne, schwere Lasten später als die gleichzeitigen
schwachen wahrgenommen werden, was aller Erfahrung
widerspricht und alle Musik unmöglich machen würde.

Eben so hat die Nothwendigkeit gar nichts
mit der Zeit zu thun; alle Schlüsse der Logik, der
Mathematik sind frei von der Zeitbestimmung. Der
einzelne Mensch kann einen Beweis allerdings nur
nach und nach in sein Vorstellen aufnehmen, allein
die Nothwendigkeit der Conclusion tritt dennoch
bei ihm plötzlich ein, mit der Erkenntniss, dass der
Fall unter die Regel gehört. Deshalb sind auch die
Logik, die Geometrie, die Zahlenlehre frei von allen
Zeitbestimmungen; in diesen Wissenschaften ist Alles
zugleich, oder vielmehr ihre Gegenstände werden befreit
vom zeitlichen Sein vorgestellt. Eben so wenig hat es
die Nothwendigkeit mit dem Dasein zu aller Zeit zu
thun. Bei dem Satze des Widerspruchs ist vielmehr
nur das Nichtsein nothwendig.

Kein Abschnitt der Kritik ist für die Verwirrung
der Begriffe gefährlicher als dieser.

55. (Kr. 180.)
Vom obersten Grundsatz analytischer Urtheile.

Hier erkennt Kant den Bd. 1. (*E. 68*) aufgestellten zweiten Fundamentalsatz der Wahrheit ausdrücklich an. Dieser Satz ist aber von Kant in seiner tiefen Bedeutung nicht gehörig gewürdigt. Der Satz des Widerspruchs ist nämlich selbst **synthetisch**, indem er mit dem sich **Widersprechenden** das **Nichtsein** verknüpft und zwar mit Nothwendigkeit. Der Satz hält sich also nicht blos innerhalb des Denkens, sondern greift in das Sein über, indem er das Widersprechende daraus entfernt. Deshalb ist er für die Reinigung der Wahrnehmungen von den Sinnes- und Selbsttäuschungen unentbehrlich.

Es ist auffallend, dass Kant die synthetische Natur dieses Satzes nicht bemerkt hat. Erst wenn dieser synthetische Grundsatz gilt, werden analytische Urtheile auf Grund desselben möglich; ihre sowie der Schlüsse Wahrheit beruht auf der Wahrheit jenes synthetischen Satzes.

56. (Kr. 185.) System der synthetischen Grundsätze.

Die Anmerkung über die **Verbindung** ist von Kant erst bei der zweiten Ausgabe beigefügt. Sie enthält die Andeutung eines Gedankens, womit Kant sein eigenes System widerlegt. Es werden in ihr die **Einheitsformen** untersucht: Kant gelangt da zur Einheit des **Aneinander** (*E. 26*) und nennt sie Aggregation; er unterscheidet davon die Einheit des **Ineinander** (*E. 27*) und nennt sie Coalition; er fasst sie jedoch in einem zu beschränkten Sinne. Von diesen Seins-Einheiten unterscheidet dann Kant die Verknüpfung, worunter er die Beziehungs-Einheiten (*E. 53*) versteht. Er führt darunter die Einheit der Substantialität, der Ursachlichkeit und der Wechselverbindung auf. Die Einheit durch Gleich ist ebenfalls erwähnt und nur fälschlich zur Einheit der Composition gezogen. Man sieht, wie Kant hier auf dem Wege war, die wahre Natur der Einheitsformen zu erfassen, womit sein System dann nicht bestehen konnte. Seine Aufzählung der Einheiten ist auch unvollständig geblieben; indess ist es immer merkwürdig, dass Kant für seine Kategorien der Modalität hier keine Stelle fand; er hätte daraus

eutnehmen können, dass in ihnen von Einheit Unterschiedener gar nichts enthalten ist, und dass sie deshalb
nicht zu den Kategorien gerechnet werden können,
welche die Einheit des Mannigfaltigen einer Anschauung
bewirken sollen.

57. (Kr. 186.) Axiom der Anschauung.

Die Fassung des Axioms ist in der ersten Ausgabe
richtiger als in der zweiten; jene bezeichnet den
Gegenstand, diese die Vorstellung; nach Kant soll aber
das Axiom gegenständlich gelten.

58. (Kr. 189.) Axiome der Anschauung.

Das Prinzip der Axiome der Anschauung ist kein
synthetischer Satz, wie Kant meint, sondern nur ein
analytischer. Er sagt nur, dass der Raum und die Zeit
extensive Grössen sind. Extensiv ist aber eine Bestimmung, die erst dem Raum und der Zeit entlehnt
ist. Ohne Raum und Zeit gäbe es nichts Extensives;
es ist nur eine aus ihnen durch trennendes Denken aus-
gesonderte Bestimmung; der Satz ist also analytisch.
Dasselbe gilt für die Grösse als „Zusammensetzung des
Gleichartigen". In diesem Gleichartigen steckt
schon der Kern des Grössenbegriffs. Dass der Raum
und die Zeit sich in gleichartige Theile trennen
lassen, ist auch erst aus ihrer Wahrnehmung abgenommen;
also ist der ganze Satz analytisch. Alle Vorstellung der
extensiven Grösse ist unmöglich, wenn ich nicht schon
vorher die Vorstellung des Raumes und der Zeit habe,
durch welche jene erst der Seele mit gegeben wird.

Eben so falsch ist die Definition der extensiven
Grösse; danach soll bei ihr die Vorstellung der Theile der
des Ganzen vorhergehen. Wäre dies richtig, so wäre
die Vorstellung von Raum und Zeit unmöglich; denn
jeder Theil von ihnen ist wieder eine, nur kleinere Raum-
und Zeitgrösse; man kann keine Theile in ihnen erreichen, die nicht schon die Natur des Ganzen an sich
trügen. Kant schiebt deshalb in seinem Beispiele den
Theilen ein Ziehen der Linie unter; dies ist aber ein
durchaus anderer Begriff; es ist die stetige Bewegung.
Das Stetige ist aber eben so wie das Extensive

nur zu verstehen, wenn ich die Vorstellung von Raum und Zeit schon habe; es ist auch nur analytisch aus ihnen abgeleitet.

Bei dem Satz: $7 + 5 = 12$ bemerkt Kant richtig, dass dieser Satz keine Besonderung annimmt, wie es mit den Lehrsätzen der Geometrie der Fall ist. Die Sätze der Arithmetik und Geometrie golten beide allgemein, allein aus sehr verschiedenen Gründen; diese Gründe hat Kant nicht erfasst, weil ihm der Unterschied der Seinsbegriffe von den Beziehungen fehlte. Jene Zahlformeln nehmen nur deshalb keine Besonderung an, weil sie zu den Beziehungen gehören, die sich mit dem Seienden nicht in dieser Weise vereinigen und deshalb kein Besonderes erzeugen. Deshalb bemerkt Kant auch nicht, dass seine Kategorien der Einheit (Eins), Vielheit und Allheit, aus welchen er diese Axiome ableitet, nur zu den discreten Grössen und Zahlen führen, aber nicht zu den stetigen Grössen des Raumes und der Zeit, mit denen doch das Axiom sich beschäftigt.

In der analytischen Natur aller hier mit so grossem Pomp vorgetragenen Sätze liegt es, dass jeder Leser unwillkürlich fühlt, wie er in ihnen nichts Neues erfährt, und dass dieser Abschnitt im Grunde nur in Tautologien sich bewegt. Man vergleich Erl. 107 am Schluss.

59. (Kr. 197.) Anticipationen der Wahrnehmung.

Kant täuscht sich, wenn er meint, dass der Satz: „Alles Reale hat einen Grad" a priori erkannt werde. Seine Gründe sind offenbar nur aus der Selbstbeobachtung, also aus der Erfahrung entlehnt. Die Sätze, als: „Nun ist in der Empfindung eine stufenartige Veränderung möglich", „nun ist jede Empfindung einer Verringerung fähig", „in dem inneren Sinn kann das empirische Bewusstsein von Null bis zu jedem Grade erhöht werden", aus denen Kant den Beweis des Grundsatzes ableitet, sind offenbar nur aus der Beobachtung der Seelenzustände durch Induction gebildet. Es ist unbegreiflich, dass Kant dies nicht selbst bemerkt hat. Dasselbe gilt für den Satz, dass alle Veränderung nur eine stetige sei. Er folgt nicht aus jenem und ist überdies falsch, wie die Erfahrung lehrt. Wenn die

Empfindung nach Kant momentan ist, weshalb soll
dann der einen Empfindung nicht momentan, d. h.
plötzlich, ohne Uebergang, eine andere von ihr im
Grade weit abstehende Empfindung folgen können?

Wenn Kant endlich weitläufig entwickelt, dass das
Nichts kein Gegenstand der Wahrnehmung sei, so liegt
der Grund davon viel einfacher darin, dass das Nicht
eine blosse Beziehung ist, welche nur dem Denken, nicht
dem Wahrnehmen angehört.

Uebrigens wird man auch hier leicht bemerken,
dass die Anticipationen dieses Abschnittes mit Kant's
Kategorien der Qualität nur in sehr entfernter Beziehung
stehen, auch ist die intensive Grösse (der Grad) aus
keiner der Kant'schen Kategorien, selbst nicht mittelst
des Schemas abzuleiten.

60. (Kr. 201.) Analogien der Erfahrung.

Mit diesen Analogien geräth Kant in ein für sein
System bedenkliches Gebiet, woraus sich auch das Breite
und doch wieder vielfach Dunkle seiner Darstellung erklärt.

Es ist richtig, dass mit jedem Wahrnehmen die
Nothwendigkeit verknüpft ist, seinen Inhalt als
Gegenstand ausserhalb des Wahrnehmens und in
eine Zeitstelle zu setzen. Allein es ist schon unrichtig,
wenn Kant diese Gegenständlichkeit nur aus dieser
Nothwendigkeit ableitet. Beides sind verschiedene
Bestimmungen.

Allein noch bedenklicher ist bei Kant die Ableitung
dieser Nothwendigkeit aus den Kategorien. Diese
Kategorien enthalten, wie alle Beziehungsformen, allerdings als Beziehung Unterschiedener deren Untrennbar-
keit im Denken; man kann die Substanz nicht ohne
Accidenz, die Ursache nicht ohne die Wirkung denken.
Allein diese Nothwendigkeit ist doch nur im Denken
und wird dadurch, dass der Mensch sich freiwillig
entschliesst, diese Kategorien dem Mannigfachen einer
Empfindung überzuziehen, nicht zu einer dem Gegenstande anhaftenden. Eine Nothwendigkeit, die von mir
selbst ausgeht, um Objecte zu bekommen, ist keine
Nothwendigkeit für mich, sondern mein Belieben, was
ich auch ändern kann, wenn mir an Objecten einmal
nichts liegen sollte.

Dies ist der bedenkliche Punkt in dieser Lehre Kant's.

61. (Kr. 207.) Substantialität.

Der von Kant hier über die Substanz aufgestellte Grundsatz ist nur analytischer Natur; Kant sagt selbst (*Kr. 204*), dass der Satz von der Beharrlichkeit der Substanz tautologisch sei. Das Synthetische entsteht nur dann, wenn man sagt: Unter den Erscheinungen muss ein Beharrliches sein. Dies will Kant auch eigentlich sagen. Die Unveränderlichkeit, die Ewigkeit, die Substantialität folgen dann aus dem Beharrlichen von selbst. Aber für diesen synthetischen Satz reicht Kant's Beweis nicht aus. Kant stützt den Satz einfach darauf, dass sonst die Folge und das Zugleichsein des Vergänglichen nicht wahrgenommen werden können. Allein die Substanz ist ja auch nicht wahrnehmbar und kann daher die Stelle der angeblich nicht wahrnehmbaren Zeit nicht vertreten. Kant scheint die Wahrnehmbarkeit der Substanz im Eingang des Beweises anzunehmen: allein später schwankt er und sagt nur, dass die Substanz den Erscheinungen zu Grunde liege, in ihnen sei; und dass die Substanz nicht wahrnehmbar ist, folgt schon aus ihrem von Kant gegebenen Begriffe, denn alles Wahrgenommene wechselt, die Substanz steckt also hinter ihm. Ist dies richtig, so ist nicht abzusehen, wie dennoch die Erscheinung, d. h. die Wahrnehmung der Substanz den Halt für die Zeitordnung der Accidenzen abgeben kann.

Nach der Lehre des Realismus sind Substanz und Accidenzen nur Beziehungsformen im Denken; das Reale oder Seiende sind allein die wahrgenommenen Eigenschaften; das Ding ist nur das **An-** oder **In-Einander** aller seiner Eigenschaften und nichts Besonderes neben seinen Eigenschaften.

Die Zeitbestimmung ergiebt sich daraus, dass, wenn einzelne Eigenschaften vergehen, andere bleiben. Vergehen alle Eigenschaften eines Dinges, so vergeht damit das Ding selbst, und die Zeitstelle wird dann dafür nach anderen, daneben bleibenden Dingen bestimmt.

Ein von Ewigkeit Beharrendes, an dem die Zeitbestimmung erfolgte, ist nicht vorhanden.

Es ist ferner irrig, wenn Kant behauptet, die Zeit sei nicht wahrnehmbar. Als leere Zeit könnte vielleicht dies zugegeben werden; aber in jeder Wahrnehmung wird die Zeit mit wahrgenommen, und diese Bestimmung des Zeitlichen kann auch durch nichts Anderes ersetzt werden.

In dem Beharrlichen steckt schon die Zeit; es macht nicht die Zeit möglich, sondern umgekehrt ist jenes von dieser bedingt.

Es ist auch unrichtig, dass die Wahrnehmung des Anfangs eines Realen in einer leeren Zeit unmöglich sei; jene Wahrnehmung ist in sich selbst bestimmt und bedarf auch für ihre Zeitgrösse keines Anderen (*E. 35*); nur wenn man diesen Anfang als einen Punkt in der Zeit messen, d. h. auf einen anderen beziehen will, muss man noch ein Anderes, in der Zeit Vorgehendes haben. Aber dieses Messen ist hier nicht die Frage, sondern die blosse Wahrnehmung des Anfangs.

Der Begriff der Substanz ist übrigens viel umfassender, als er hier von Kant behandelt wird; in der Inhärenz liegt mehr als das blosse Beharrliche, wie Bd. I. (*E. 47*) gezeigt worden ist.

62. (Kr. 233.) Causalität.

Der Satz, dass alle Erscheinungen ursachlich verknüpft sind, ist synthetisch; allein der Beweis, den Kant dafür versucht, kann nicht als gelungen gelten. Kant bemerkte richtig, dass in unserem Wahrnehmen Alles sich zeitlich folgt; auch das Zugleichseiende, wenn es mit einem Blick nicht übersehen werden kann, wird nur durch zeitlich sich folgende Wahrnehmungen erfasst. Dennoch unterscheiden wir die Folge der Objecte von der Folge ihrer Vorstellungen und nehmen, wo letztere besteht, nicht immer auch jene an; ebenso kann das Vor und Nach bei zwei Vorstellungen nicht immer willkürlich gewechselt werden. Kant bemerkte auch richtig, dass nur wegen der Nothwendigkeit, welche dieser Folge anhaftet, dieselbe auf die Objecte übertragen werde. Die Frage ist also: Wo kommt diese Nothwendigkeit her? Kant fand nun, dass eine Nothwendigkeit in der Beziehung zwischen Wirkung und Ursache besteht, und so schloss er: Jene

Nothwendigkeit in der Wahrnehmung kommt nur daher, dass der Mensch die Kategorie der Causalität auf sie anwendet; also wird erst durch diese Kategorie der Inhalt der Vorstellungen zu Objecten, und deren Zeitfolge als eine nothwendige vorgestellt. Folglich muss Alles, was als Object gelten soll, unter der Kategorie der Causalität aufgefasst werden.

Der Fehler in diesem Beweise ist, dass die auf diese Art in die Erscheinungen gebrachte Nothwendigkeit eine selbstgemachte, also keine ist. Weil der Mensch eine Nothwendigkeit braucht, um Objecte zu gewinnen, so macht er nach Kant sich diese Nothwendigkeit selbst zurecht, indem er die Kategorie der Causalität herbeiholt und die Erscheinungen darunter bringt; diese, von ihm selbst ausgehende, also von ihm abhängige Nothwendigkeit ist aber ein Widerspruch.

In Wahrheit verhält es sich umgekehrt. Weil dem Menschen in einzelnen Wahrnehmungen die zeitliche Folge als eine unabänderliche, nicht von seinem Belieben abhängige gegeben ist, deshalb wendet er, wo eine Regelmässigkeit bestimmter Folgen hinzukommt, die Kategorie der Ursachlichkeit darauf an. Die Nothwendigkeit kommt nicht erst von dieser Kategorie, sondern liegt schon in der Wahrnehmung. Diese Nothwendigkeit wird in jedem einzelnen Fall dadurch erkannt, dass man die Reihe nicht umkehren kann, während im anderen Falle, wie bei dem Hause, dieses ausführbar ist. Diese Unmöglichkeit der Umkehrung ist aber schon die Nothwendigkeit. Sie ist schon vor der Causalität vorhanden; zu ihrem Eintritt ist gar keine Kategorie, sondern nur die Wahrnehmung erforderlich. Diese Nothwendigkeit ist nur eine Wissensart (*E. 62*); sie beruht auf der Wahrnehmung und liegt im ersten Fundamentalsatze (*E. 69*). Diese Nothwendigkeit der Zeitfolge, welche die Wahrnehmung giebt, ist auch nicht identisch mit der Causalität. In dieser ist zwar gleichfalls Nothwendigkeit, aber auch Erzeugung (*E. 40*); die Wirkung wird aus der Ursache. Deshalb wendet man die Causalität nicht auf jedes einzelne, d. h. in der Wahrnehmung nothwendig sich Folgende,

an, sondern nur auf das, was regelmässig sich folgt.
Diese Auffassung allein entspricht dem Sachverhalt und
ist durchaus einfach. Kant hatte sich aber den Weg
dazu abgeschnitten, weil die Zeit bei ihm eine Form
des inneren Sinnes ist, den Dingen-an-sich nicht anhaftet, mithin es unmöglich ist, von letzteren die Zeitbestimmung abzuleiten, unter der sie zu fassen sind,
z. B. ob A und B gleichzeitig, oder ob A dem B oder
B dem A folgend. Es ist hier wie mit der räumlichen
Gestalt. Die Nothwendigkeit für eine bestimmte
Gestalt im Wahrnehmen kann Kant auch nicht erklären. Diesen Mangel hatte Kant nicht bemerkt; aber
bei der Zeit bemerkt er ihn, und da er diese feste unabänderliche Zeitbestimmung der Objecte, welche die
Wahrnehmung giebt, nicht aus dem Ding-an-sich ableiten
kann, diese Nothwendigkeit aber doch da ist, so blieb
Kant nichts übrig, als sie aus der Causalität abzuleiten.
Diese hat die Nothwendigkeit zwar in sich, aber ihre
Anwendung ist nicht nothwendig; der Mensch wendet
sie nach Kant nur an, um die in der Wahrnehmung
liegende Nothwendigkeit zu erlangen. Sie ist aber dann
eine selbstaufgelegte, d. h. keine Nothwendigkeit.

Es erhellt zugleich, dass, wenn die Zeitfolge schon
durch die Wahrnehmung allein gegeben ist, es für die
Objecte und ihre feste Stelle in der Zeit gar nicht der
Causalität bedarf.

Alles bleibt daher in der Welt und in der Zeit,
wie es ist, wenn es auch keine Causalität giebt. Diese
zeigt sich damit als eine blosse Beziehungsform, welche
das Denken nur herbeinimmt, um sich die regelmässige
Folge gewisser Bestimmungen, welche die Beobachtung
zeigt, begreiflicher zu machen.

Die Bedenken Kant's über die Gleichzeitigkeit von
Ursache und Wirkung sind Bd. I. erledigt (E. 40).

Der Satz, dass alle Veränderung allmälig
(continuirlich) vor sich gehe, hängt mit der Causalität
nicht zusammen und ist entweder tautologisch oder,
wenn er mehr sein soll, falsch. Nehme ich die Veränderung als ein Werden, wie Kant thut, so liegt das
Allmälige und Stetige der Veränderung schon in dem
Begriff des Werdens, und der Satz ist dann analytisch.
Aber es kann auch eine sprungweise Folge geben;

schon bei der Anticipation der Wahrnehmung ist oben
(S. 38) gezeigt worden, dass nicht jede Veränderung
continuirlich zu sein braucht.

63. (Kr. 227.) Wechselwirkung.

Bei dem Beweise dieser dritten Analogie wiederholt
sich der in No. 62 gerügte Fehler. Wenn die Dinge
an sich keinen Zusammenhang mit der Zeit haben,
wenn diese blos ein Kleid ist, was die Seele ihnen überzieht, so können sie auch das Zugleich so wenig wie
die Folge der Erscheinungen bestimmen Aber ohne
eine Festigkeit hier läge Alles im Vorstellen bunt durch
einander; deshalb muss der Verstand, sagt Kant, wie für
die Zeitfolge die Causalität, so für das Zugleich die
Wechselwirkung herbeiholen und diese Kategorie den
Erscheinungen unterschieben, damit sie nicht als zeitlich
sich folgende behalten werden können, sondern durch
diese Nothwendigkeit als zugleich seiende Objecte
gelten. Auch hier ist also die Nothwendigkeit nur
eine Spiegelfechterei der Seele, eine von ihr sich selbst
auferlegte Nothwendigkeit und es fehlt alle Erklärung
dafür, weshalb alle Menschen dieselbe Kategorie
gewissen Erscheinungen überziehen.

Es kommt hier aber noch der zweite Fehler hinzu,
dass die Wechselwirkung gar nicht die Gleichzeitigkeit
enthält; sie ist nur wechselseitige Causalität, wie Kant
sie hier selbst definirt, und nur deshalb hat sie die
Nothwendigkeit der Zeitfolge in sich. Das in ihr
gesetzte Zugleichsein ist nicht nothwendig, sondern nur
ein Setzen zweier oder mehrer gleichzeitiger Ursachen,
welche auf einander wirken, wo aber jede Wirkung
ihrer Ursache nachfolgt.

64. (Nr. 229.) Schluss der Analogie.

Wenn nach den vorliegenden Erläuterungen nicht
die Kategorien der Relation es sind, welche die Festigkeit der Erscheinungen in der Zeit herbeiführen, sondern
wenn umgekehrt diese wahrgenommene Festigkeit
erst die Anwendung jener Kategorien ermöglicht, so hat
doch Kant in so weit Recht, dass diese Kategorien
nicht aus der Wahrnehmung und Erfahrung abgeleitet
werden können, sondern dem Denken angehören und

von diesem aus auf die Dinge übertragen werden. Bei
ihrer engen Verbindung mit dem Seienden wird im gewöhnlichen Vorstellen diese ihre Natur übersehen, und
sie werden als seiende Bestimmungen, wie dies z. B.
Gestalt und Grösse sind, behandelt. Auch Kant nimmt
sie als solche und ist in Folge dessen genöthigt, den
ganzen Inhalt des Wahrgenommenen in eine blosse Erscheinung umzuwandeln, während es genügte, wenn sich
Kant darauf beschränkte, nur bei diesen Beziehungsformen nachzuweisen, dass sie kein Seiendes bezeichnen.
So liegt in dieser Unkenntniss der Natur der Beziehungen
ein Grund mit, weshalb Kant seinen Idealismus weit
über das nothwendige Maass ausgedehnt hat. Schon
bei Plato, z. B. in seinem Parmenides, und später bei
Hegel liegen ähnliche falsche Auffassungen vor.

65. (Kr. 234.) Postulate des Denkens.

Gewöhnlich versteht man unter Möglichkeit eines
Dinges nur, dass seine Vorstellung keinen Widerspruch
enthalte, also dass dasselbe den zweiten Fundamentalsatz (*E. 68*) nicht verletze. Kant nimmt aber den Begriff
der Möglichkeit enger und rechnet auch die seienden
Bedingungen dazu, welche für ein Ding bestehen. Jede
dieser Bedingungen muss erfüllt werden, wenn das Ding
wirklich werden soll, und Kant nennt deshalb diese
Bedingungen die Möglichkeit. Diese Möglichkeit wird
auch oft die reale genannt, im Gegensatz der
formalen, welche nur die Freiheit vom Widerspruch
bezeichnet. Wie weit man dabei in diesen realen
Bedingungen gehen will, bleibt unbestimmt. Deshalb
bleibt auch diese Möglichkeit unbestimmt, wie Bd. l.
gezeigt worden ist (*E. 63*). Hier beschränkt Kant diese
Bedingungen auf die sogenannten transscendentalen,
welche aus der Natur der wahrnehmenden Seele kommen,
d. h. auf die Bedingungen des Raumes, der Zeit und
der Kategorien. Kant nennt hier diese Möglichkeit sogar
objective Realität, was nicht gebilligt werden kann.

66. (Kr. 238.) Widerlegung des Idealismus.

Hier erkennt Kant den ersten Fundamentalsatz der
Wahrheit (*E. 68*) an, allein er macht ihn durch die

Unterscheidung von Erscheinung und Ding - an - sich wieder zu nichts.

Kant's Widerlegung des Idealismus ist das sonderbarste, was man an Beweisen finden kann. Auch Kant selbst hat dieser Beweis offenbar nicht recht behagt; denn er hat ihn in der Vorrede (S. 41) noch einmal verbessert. Der Beweis lautet: „Ich bin mir meines Daseins an sich intellectuell bewusst; in dem: Ich denke ist dieses Wissen enthalten, welches keine Anschauung ist. Aber ich weiss mich auch in der Zeit bestimmt. Dieses ist ohne ein Beharrliches nicht möglich; in mir ist kein solches, folglich muss es ausserhalb meiner sein.

Bei diesem Beweise sieht man zunächst nicht, ob Kant Erscheinungen oder Dinge-an-sich im Sinne hat. Es scheint das Letztere der Fall zu sein. Jedenfalls ist der Beweis ungenügend, weil das Beharrliche, die Substanz, nicht in die Wahrnehmung fällt, wie Kant in der Vorrede (S. 42) selbst anerkennt. Wir sehen in der Aussenwelt nur Wechselndes, wie in unserem Innern; und wenn dies richtig ist, weshalb kann die Substanz, der Maasstab für die Zeitbestimmung nicht eben so wohl in uns, wie ausser uns stecken?

Endlich ist der Beweis von denselben Fehlern erfüllt, welche bei der ersten Analogie dargelegt worden sind. Deshalb hat dieser Beweis auch nicht verhindern können, dass Fichte den Idealismus in seiner strengsten Form unmittelbar hinter Kant als die Wahrheit verkündete. Man vergleiche die Erläuterungen Bd. 57, S. 198 und Bd. 61, S. 27.

67. (Kr. 247.) Grundsätze der Modalität.

Kant beschränkt die Nothwendigkeit auf die Causalität. Allein die Nothwendigkeit steckt in allen Beziehungsformen, und Kant selbst hat auch die Substantialität und Wechselwirkung für die Herstellung der Erfahrung benutzt, weil sie die Nothwendigkeit enthalten. Ferner ist die Nothwendigkeit im Wahrnehmen und im Widerspruch enthalten (*E. 69*). Sie ist in Wahrheit nur eine besondere Art, einen Inhalt zu wissen, und niemals eine seiende Eigenschaft der Dinge selbst. Kant drückt dies mit den Worten aus: „Die

Modalität fügt dem Begriffe eines Dinges nur die Erkenntnisskraft hinzu, aus der es entspringt". Allein dies klingt zweideutig und dunkel. Dieses Entspringen oder Erzeugen kann leicht so gefasst werden, als wenn die bestimmte Wissensart von dem Belieben der Seele abhängt, was nicht der Fall ist. (Kr. 243.)

68. (Kr. 248.) Anmerkung zu den Grundsätzen.

Diese Anmerkungen stehen und fallen mit den früher behandelten Grundsätzen.

Nur auf Eines ist noch aufmerksam zu machen. Nach Kant sollen die Zustände der Seele beständig fliessen; nur im Raum soll der Anschauung ein Beharrliches in der Natur gegeben sein. Allein das Räumliche ist auch in der Zeit und fliesst mit ihr. Ferner ist die Materie als Beharrliches nicht wahrnehmbar; und vergleicht man die einzelnen Seelenzustände mit einzelnen äusseren Dingen, so ist deren relative Dauer bald dort, bald hier grösser. Ueberhaupt überschätzt Kant die äusseren Anschauungen; sie dienen nicht zum Verständniss der inneren. Was Lust, was Schmerz, was Achtung, was Reue, was Begehren, was Leidenschaft u. s. w. sind, kann nur durch Selbstwahrnehmung und nie durch Analogie mit äusseren Dingen erkannt werden. Nur die Sprache hat ihre Worte zur Bezeichnung des Innern mitunter vom Aeusserlichen entlehnt.

69. (Kr. 258.) Phänomena und Noumena.

Diese Erörterungen sind blos Verdeutlichungen der früher entwickelten Lehre. Ueberblickt man sie im Ganzen, so hat Kant Unrecht, dies Land des reinen Verstandes ein Land der Wahrheit zu nennen (Kr. 249), was von einem Ocean des Scheins umgeben sei. Auch jene Wahrheit ist nur Schein. Kant erkennt an, dass mit dieser Wahrheit nur die Erscheinung, aber nicht die Dinge selbst erreicht und geboten werden, und dass wir von letzteren nicht die mindeste Vorstellung haben. Wahrheit ist aber Uebereinstimmung des Wissens mit dem Sein; dieses Sein ist nur im Ding-an-sich, folglich ist auch die Erscheinung nur ein Schein, wenn auch ein solcher, dem alle Menschen unterworfen sind. Obgleich Kant diese Folge sich nicht verhehlen kann,

so liebt er es doch nicht, sie klar darzulegen und bei ihr
zu verweilen; ja er verhüllt sie gerne unter täuschenden
Worten, wie: Wahrheit, Object, Realität, welche er für
die Erscheinungen gebraucht. Kant selbst mag das
Furchtbare, was in der vollen Klarheit und Consequenz
seiner Prinzipien liegt, gefühlt haben.

Vergleicht man das System Kant's mit dem System
des Realismus in Bd. I., so thut Kant gerade das Um-
gekehrte des letzteren; er giebt den Beziehungsformen,
welche seine Kategorien sind, durch ihre Verbindung
mit der Anschauung ein Sein; verwandelt sie damit
zu Bedingungen und Bestimmungen des Seienden;
dagegen nimmt er dem Inhalte der Wahrnehmungen
das Sein; diese sollen in Form und Materie nur
Schein, d. h. nur das bieten, was die Seele von sich
aus dem Dinge-an-sich überzieht. Der Realismus erkennt dagegen das Sein des wahrgenommenen Inhaltes
an und findet in den Beziehungen (Kategorien) nur
Formen des Denkens, welche blos bei einer oberfläch-
lichen Auffassung mit seienden Bestimmungen der Dinge
verwechselt werden können.

Während der Realismus alle Schwierigkeiten hebt,
kommt Kant aus Widersprüchen und Räthseln nicht
heraus, wie oben gezeigt worden. Es ist dies um so
auffallender, als Kant die rein beziehende, von den
Dingen selbst nichts aussagende Natur seiner Kategorien
in diesem Abschnitt und insbesondere in der Anmerkung
(Kr. 185) anerkennt. Dass auch die Heranziehung der
Zeit, als Schema, hierin nichts ändern kann, ist früher
gezeigt worden.

70. (Kr. 263.) Phänomena und Noumena.

Die Meinung Kant's, dass wenigstens Objecte in
den Kategorien allein gedacht würden, ist unrichtig
oder mindestens zweideutig Da in dem Objecte ein
Seiendes enthalten ist, und das Sein nur durch die
Wahrnehmung erreicht werden kann, so reichen die
Kategorien allein hierfür nicht hin. Erst muss durch
Wahrnehmung das wirkliche Sein erreicht sein, dann
kann dieses wirkliche Sein im blossen Vorstellen bildlich
gedacht werden. In den Kategorien, als blossen Beziehungen, ist der Begriff des Seins nicht enthalten;

sie beziehen nur Unterschiedenes, mag es Sein haben
oder nicht. Deshalb ist auch der Begriff der Noumena
erst aus der Erfahrung abgeleitet. Das Denken allein
kann diese Vorstellung nicht bilden (*E. 66*), weil ihm
als solchen der Gegensatz der Erscheinung fehlt, dessen
jene bedürfen.

71. (Kr. 273.) Amphibolie der Reflexionsbegriffe.

Die hier aufgestellten Reflexionsbegriffe ergeben
sich schon nach ihren Namen als Beziehungen. Die
Einerleiheit ist die Identität, welche die doppelte
Negation in sich hat (*E. 37*). Die Verschiedenheit
ist das Nichtdieses im eigenschaftlichen Sinn (*E. 34*);
der Widerstreit ist das Contradictorische (*E. 33*)
und die Einstimmung die Negation des Contradictorischen (*E. 33*). Alle vier gehören deshalb zu der
Beziehungsform des Nicht; insbesondere ist die Einstimmung nicht mit der Gleichheit zu verwechseln.

Das Innere ist von Kant hier als das Beziehungs-
lose gefasst; allein es kann nicht ohne Aeusseres sein
und hat an diesem seine Ergänzung (*E. 50*). Ebenso
sind Form und Inhalt nur Beziehungen; der Streit,
welches von Beiden dem Andern vorausgeht, ist daher
verkehrt; es kann Keines ohne das Andere sein und
die Zeit ist in ihnen nicht enthalten. Wenn Kant den
Raum und die Zeit Formen der Sinnlichkeit nennt,
so ist dabei das Wort nicht als Beziehung genommen,
sondern bezeichnet dann nur eine Art des Vorstellens.

Wenn man diese Reflexionsbegriffe mit den Kategorien zusammennimmt, so erhellt, dass Kant die
Bd. 1. gegebenen 12 Beziehungsformen (*E. 32*) zwar
sämmtlich kennt, aber nur 9 davon in seine Tafel ge-
stellt hat. Es fehlen darin das Gleich, das Wesen
und das Ganze mit seinen Theilen. Kant macht zwar
auch von diesen fortwährend Gebrauch, und er hätte
sie deshalb auch in seine Tafel mit aufnehmen sollen;
es ist nur deshalb nicht geschehen, weil Aristoteles
und Leibnitz sie nicht besonders hervorgehoben haben.
Uebrigens gebraucht Kant die Kategorie der Wechselwirkung oft als Gemeinschaft, in welchem Worte
die Beziehungsform des Ganzen und seiner Theile
versteckt enthalten ist.

72. (Kr. 288.) Reflexionsbegriffe.

Kant versucht in diesem Abschnitte noch einmal darzulegen, wie der Verstand (das Denken) ohne Sinnlichkeit nichts erkennen könne und deshalb nur auf die Erscheinungen beschränkt sei. Nach ihm hat also das Denken lediglich sich auf die Beschäftigung mit dem Schein, d. h. mit der Unwahrheit zu beschränken.

Dies Ergebniss ist so empörend für den menschlichen Geist, dass man sich nicht wundern darf, wenn die Philosophie sein System bald wieder von sich abgeworfen hat. Auch geräth Kant mit sich selbst in Widerspruch, wenn er den Begriff des Seins als Verstandesbegriff behandelt, während dieser Begriff nur aus der Wahrnehmung gewonnen und von dem Denken allein nie erreicht werden kann. Wenn, wie Kant hier sagt, das Sein schon im Denken gegeben ist, so ist das Denken berechtigt, seine Kategorien auf dieses intelligible Sein oder die Noumena anzuwenden und dadurch weitere Bestimmungen für es zu gewinnen, ein Verfahren, was Hegel später zur Ausführung gebracht hat. Die Meinung Kant's, dass die Kategorien ein Mannigfaltiges brauchten, um angewendet zu werden, ist irrig. Vielmehr kann man Kant nur zugeben, dass für diese Noumena die Bestimmungen der Sinnlichkeit (die materialen Empfindungen, sowie Raum und Zeit) nicht angewendet werden dürfen, aber weiter geht sein Beweis nicht. Nur wenn das Sein gar nicht durch das Denken erfasst werden kann, behält der Kant'sche Beweis seine Stärke. Ueberhaupt ist der Satz, dass das Denken das Sein und seinen Inhalt nicht erreichen kann, nur zu begründen, indem man zeigt, wie aller Inhalt der Begriffe nur aus Trennstücken des Wahrgenommenen besteht und nur aus diesen durch begriffliches Trennen ausgesondert worden ist, und dass, was sonst noch im Denken vorkommt, nur Beziehung oder Wissensart ist, welche schon an sich und durch ihre eigene Natur nichts Seiendes aussagen. Nur auf diese Art ist dieser wichtige Satz zu begründen.

Was sonst hier gegen Leibnitz ausgeführt wird, ist im Sinne Kant's richtig; die Widerlegung kann

indess noch erschöpfender geführt werden; doch gehört
dies nicht hierher. Für die Zeiten Kant's war schon
seine Widerlegung eine grosse That.

73. (Kr. 289.) Tafel des Nichts.

Diese Eintheilung des Nichts erscheint zwar tief-
sinnig, ist aber unrichtig. Das Nähere ist Bd. I. dar-
gelegt (E. 33). An sich ist das Nicht immer dasselbe;
nur durch seine Verbindung mit dem Sein nimmt es an
den Besonderungen von diesem scheinbar Theil. Dann
ergiebt sich, dass diese Besonderung oder Eintheilung des
Nichts so unerschöpflich ist, wie die Eintheilung der
Dinge, und dass dasselbe Etwas bald ein Nichts, bald ein
Seiendes wird, je nach dem Anderen, auf welches es durch
Nicht bezogen wird. So sind die Noumena Etwas als
Vorstellungen, aber Nichts in Bezug auf die Erscheinungen.
So ist der Schatten ein Etwas als dunkle Farbe, aber
ein Nichts in Bezug auf den schattenwerfenden Körper.
So ist das Dunkel das Nichts der Farbe, die Stille das
Nichts des Tones, die Zufriedenheit das Nichts des
Begehrens, die Gleichgültigkeit das Nichts des Gefühles.
Da es kein Etwas giebt, was nicht auch als ein Nichts
vorgestellt werden kann, so erhellt, dass die Tafel
Kant's die Eintheilung nicht erschöpft. Auch stimmt
sie mit der Ordnung der Kategorientafel nicht überein.

74. (Kr. 293.) Vom transscendentalen Schein.

Das Wort transscendental wird hier anders
definirt wie früher. Dort bezeichnete es die Grundsätze,
welche erklären, wie eine Erkenntniss a priori möglich
sei, hier die Anwendung der Kategorien auf Gegenstände
jenseit der Erfahrung. Es wäre besser gewesen, Kant
hätte für letztere das Wort transscendent gewählt; im
Fortgange wechselt er auch mit diesen Ausdrücken.
Wenn Kant im Eingange sagt: „die Sinne irren
nicht, weil sie nicht urtheilen", so ist das zwar oft
nachgesprochen worden, aber falsch. Wenn sie auch
nicht urtheilen in der Form der Logik, so setzen sie
doch eine Verbindung, nämlich das Sein ihres wahrgenommenen Inhaltes. Es ist unrichtig, diese Setzung

des Seins, welche in jedem Wahrnehmen liegt, zu
einem Act des Verstandes oder Denkens zu machen.
Dieses Sein ist unmittelbar in jeder Wahrnehmung
enthalten; es ist nothwendig und untrennbar von ihr.
Deshalb spricht man auch mit Recht von Täuschungen
der Sinne, was unmöglich wäre, wenn die Sinne nicht
eine Verbindung setzten. Mit der Verbindung beginnt
erst die Wahrheit und die Unwahrheit, wie schon
Aristoteles bemerkt hat.

75. (Kr. 321.) System der transscendentalen Ideen.

Die Dialektik Kant's behandelt die Ideen. Vor
Kant bewegte sich die Methaphysik nur in dem Ueber-
sinnlichen, oder in dem, was der Wahrnehmung un-
zugänglich ist. Das von der Wahrnehmung Erreichbare
galt der Philosophie entweder als ein Werthloses oder
als ein Unwahres; sie überliess es der Erfahrung des
Lebens und den besonderen Wissenschaften; ihr eigenes
Gebiet begann erst da, wo diese nicht hinreichten.
Darin bestand der Stolz der Philosophen. Von Plato
ab bis zu Leibniz und Wolff hatte das Denken als
das Mittel gegolten, welches in diese jenseitige Welt
einführt und ihre Erkenntniss vermittelt. Man hatte
weitläufige Systeme ausgebildet, welche die Gesetze des
Seins überhaupt (Ontologie), der Seele (Psychologie),
der Welt (Kosmologie) und Gottes (Theologie) enthielten, und wenn auch deren Wahrheit im Einzelnen
bekämpft und durch Anderes ersetzt wurde, so blieb
doch der Satz unangefochten, dass diese übersinnliche
Welt durch das Denken erfasst und mehr oder weniger
vollständig erkannt werden könne.

Erst Kant bestritt diesen Satz philosophisch und
beschränkte die menschliche Erkenntniss auf das Gebiet
des Wahrnehmbaren. In diesem Umstand liegt die
grosse Bedeutung und die tiefe Wirkung seiner Philosophie. Dagegen ist alles Weitere, insbesondere seine
Begründung dieses Prinzips bedenklich, ja zum Theil
unklar und falsch.

Die Unterscheidung zwischen Verstand und
Vernunft ist schon alt; allein erst Kant hat ihr
einen festen Sinn untergelegt. Die Vernunft ist ihm

4*

das Vermögen der Ideen, des Unbedingten, der Totalität.

In Bd. I *(E. 64)* ist gezeigt worden, dass diese Ideen nichts sind, · als Beziehungen, insbesondere Negationen der Grenze oder des Endes, sowie die Beziehung des Ganzen und seiner Theile in ihrer Anwendung auf Seiendes. Deshalb stellen die Ideen kein Seiendes vor. Wenn dies übersehen und sie als ein Seiendes genommen werden, so entspringen daraus nothwendig Schwierigkeiten und Widersprüche. Diese Widersprüche darzulegen, ist der Zweck Kant's in dieser Dialektik; allein seine Darlegung ruht auf den Grundsätzen seiner transscendentalen Analytik und theilt deshalb die Mängel dieser.

Man kann sich wundern, dass Kant diese Widerlegung sich nicht leichter gemacht hat, sein System bot ihm die beste Handhabe dazu. Wenn Raum und Zeit nichts sind als Formen der menschlichen Anschauung und die Kategorien nichts als Formen des menschlichen Denkens, so folgt von selbst, dass man von Unsterblichkeit der Seele, Unendlichkeit der Welt, von Freiheit als Verneinung der Causalität und von Gott als einem ewigen Wesen und Schöpfer der Welt, nicht reden kann, weil alle diese Wesen und Dinge dann zusammenbrechen, da sie nur aus den Elementen der Sinnlichkeit und der Kategorien aufgebaut sind, und diese Elemente nichts von den Dingen an sich aussagen.

Geht man näher auf die Gedanken Kant's ein, so erhellt, dass gar kein Grund vorliegt, ein besonderes Seelenvermögen der Vernunft zu setzen. Ihre angeblichen Ideen sind nur die Produkte des auf das Wahrgenommene angewendeten beziehenden Denkens; in ihnen ist nur die Grenze, die Bedingtheit, die Vereinzelung des Seienden verneint; sie sind also nur eine Verbindung von Seiensbegriffen mit Beziehungen (Verneinungen), welche kein besonderes Vermögen erfordern. Aus der Verneinung der Grenze folgt von selbst, dass ihre Gegenstände nicht wahrgenommen werden können, dass sie ausserhalb der Erfahrung stehen, denn das Nicht ist niemals wahrnehmbar.

Auch das Vermögen zu schliessen (im logischen Schluss) ist nichts Besonderes, sondern vielmehr nur

die Erkenntniss des in dem Besonderen enthaltenen
Allgemeinen und deshalb ist der Schluss nur die
identische Wiederholung von jenem in diesem (*E. 20*).

Deshalb ist auch Kant's Ableitung der Ideen aus
der logischen Form des Schliessens nur ein Schein, und
daher kann die Zahl dieser Ideen viel grösser gemacht
werden, als Kant sie hier bietet. Sie entstehen aus
jedem Seienden, wenn ihm die Grenze oder Bestimmtheit
nach irgend einer Richtung hin entzogen und es damit
als unbedingt (unbegrenzt) und zugleich als seiend
festgehalten wird.

Am geläufigsten sind diese Ideen für das Seiende,
soweit es als Erfüllung des Raumes und der Zeit oder
als Glied in der Reihe der Ursachen und Wirkungen
gefasst wird. Für den leeren Raum und die leere Zeit
bietet nämlich die Wahrnehmung keine Bestimmung,
welche sie begrenzen könnte, sowohl nach dem Vergrössern, wie nach dem Verkleinern (Theilen) hin. Hier
ist also ein Vermehren und ein Verkleinern (Theilen)
möglich, von dem man kein Ende absehen kann. Darauf
ruhen die Ideen von der Unendlichkeit der Grösse der
Welt und ihrer Ewigkeit, von der Unsterblichkeit der
Seele und von der Ewigkeit Gottes. Ebenso liegt in
der Ursachlichkeit keine Schranke für ihre Form als
Reihe: die obere Ursache kann wieder als eine Wirkung
und die letzte Wirkung wieder als eine Ursache genommen
werden; so entsteht die Idee einer Reihe, der, wie dem
Raume und der Zeit, der Anfang und das Ende fehlt.
Aehnliches kann auch für die Zahl und für den Grad
aller materialen Bestimmungen des Wahrgenommenen
geschehen (*E. 35*).

So wie nun alle diese Ideen als ein Seiendes
genommen werden, enthalten sie den Widerspruch;
sie werden dann als ein Fertiges, Vollendetes,
Ganzes vorgestellt, während doch das Vergrössern
oder Verkleinern und die Ausdehnung der Causalreihe
in sich keine Grenze enthält, also ohne Ende fort-
gehen muss. In der Idee wird das Nichtzuvoll-
endende als vollendet, das Nichtzuerreichende
als erreicht und abgeschlossen vorgestellt. In
der Idee soll die letzte Ursache oder der letzte
Theil, das Einfache vorgestellt werden, während

doch dieses Letzte dem Raum, der Zeit und der Causalitätsreihe fehlt.

Das Natürlichste für den Menschen ist deshalb, dass er diese Ideen als Seiendes fallen lässt, sie blos als Geschöpfe seiner Phantasie (des verbindenden Denkens) behandelt, und dass er sich nicht mit einer Lösung der in ihnen liegenden Widersprüche quält, die unmöglich ist. Ein besonderes Drängen auf die Erkenntniss dieser Ideen, als Seiender, besteht auch nicht in der Seele, wie Kant meint, sondern wird erst dadurch geweckt, dass die Religionen diese Ideen als seiende Wesen setzen und damit den Glauben mit den Gesetzen des Denkens in Widerspruch bringen. Ein starker Glaube kann dabei dem Gläubigen über diese Widersprüche hinweg helfen oder sie ihm verhüllen; aber die Wissenschaft vermag dies nicht. Deshalb sind diese Widersprüche zu allen Zeiten von den grossen Denkern hervorgehoben worden, und in diesem Jahrhundert wird mit der wachsenden Abnahme des Glaubens dieser Widerspruch allgemeiner empfunden. Daraus entspringen die mannigfachen Versuche, welche die Religion mit dem wissenschaftlichen Denken dadurch in Uebereinstimmung bringen wollen, dass man diese Ideen mehr und mehr fallen lässt.

Zu Kant's Zeit wurde indess noch allgemeiner und fester an den Religionsinhalt geglaubt: Kant selbst hatte einen starken Glauben: deshalb darf man sich nicht wundern, wenn man sieht, wie hier Kant an den theoretischen Kampf gegen diesen Glaubensinhalt nur mit Scheu und nach grossen philosophischen Vorbereitungen herantritt. Aus diesem persönlichen Glauben Kant's erklärt sich auch sein Bestreben, die Grundlagen dieses Glaubens in die practische Philosophie zu verlegen, nachdem er sie in der theoretischen Philosophie selbst zerstört hatte.

Auch für die Idee der Tugend ist neben dem Verstande keine besondere Vernunft nöthig. Als Tugend überhaupt, wie als besondere Tugend ist sie dem Menschen nur eine Anzahl von Zielen und Regeln seines Handelns. Der Einzelne empfängt diese durch die Erziehung in der Familie und Schule, sowie durch das Leben in seinem Volke; sie gelten ihm auf Grund dieser Autoritäten für unzweifelhaft. In diesen Regeln der Moral ist nichts, was sie in Bezug auf die Wissensform und abgesehen von ihrer Wirkung auf das sittliche Gefühl. von den Regeln des Verstandes unterschiede. Darin wird auch dadurch nichts geändert, dass die vollständige Befolgung dieser Regeln für den einzelnen Menschen ein unerreichbares Ideal bleibt. Auch dieses Ideal ist, wie jene früheren Ideen, nur eine Verbindung von Seiendem mit Beziehungen, indem die sittliche Triebfeder dabei als unbedingt, d. h. als unendlich stark vorgestellt wird.

76. (Kr. 322.) Von den dialektischen Schlüssen.

Es ist bereits zu No. 75 gezeigt worden. dass der Ideen weit mehrere gebildet werden können. Jeder Seinsbegriff ist dazu geeignet und wird eine Idee, so wie man seine Bedingtheit oder seine Grenze nach irgend einer Richtung hin verneint und ihm so die Unendlichkeit oder Unbedingtheit einfügt. Die alte Metaphysik hielt indess mit der Seele. mit der Welt und mit Gott Alles für erschöpft. Deshalb hat Kant auch nur diese Ideen untersucht. Seine Ableitung derselben aus den Kategorien der Relation ist erkünstelt und unwahr, wie schon Schopenhauer gezeigt hat.

77. (Kr. 344.) Paralogismen der reinen Vernunft.

Es konnte Kant nicht schwer fallen, mit seinem Prinzip die alte rationale Psychologie umzustossen; allein sein Prinzip führte ihn nicht blos zur Zerstörung der Hirngespinnste dieses Theiles der Metaphysik. sondern trieb ihn über dieses Ziel hinaus und nöthigte ihn, auch die Wahrheit dessen zu leugnen, was die auf Selbstbeobachtung gegründete Seelenlehre zu erreichen im Stande ist. So kam Kant zu dem erschreckenden Ergebniss, dass der Mensch auch von sich selbst nichts als Erscheinungen, d. h. leeren Schein, erfassen kann, und dass ihm die Wahrheit auch über sein eigenes Ich ewig verborgen bleibt. Die Ausführungen Kant's leiden dabei an Dunkelheiten, weil er die Natur des Ich nicht vollständig erfasst und zwischen Sein und Denken bei demselben hin- und herschwankt. Der Realismus gelangt vermittelst seiner Fundamentalsätze (E. 68) hier leicht

zu klaren Ergebnissen. Danach bestehen in der. Seele
seiende und wissende Zustände. Das Ich ist nur
der Ausdruck der Einheit (nicht Einerleiheit) beider
Zustände, die besondere Natur dieser Einheit ist dem
Menschen unerkennbar *(E. 55)*. Das Ich ist nie blosses
Wissen, sondern immer die Einheit des Wissens mit den
seienden Zuständen der Seele. Das Ich ist nur ein anderer
Name für diese Einheit. Lediglich deshalb gelten mir
dieser Schmerz, dieses Begehren als meines, welches
Wort nur die Adjectivform des Ich ist; im Ich steckt
deshalb allemal auch Wahrnehmung meiner, als eines
Seienden, was auch Kant in der Anmerkung *(Kr. 338)*
ausdrücklich anerkennt.

In dem Satze: Ich denke, ist aber mehr, als blos
diese Selbstwahrnehmung des Ich enthalten; er bezeichnet
zugleich die Thätigkeit des Ich's als denkenden: es
enthält schon eine nähere Bestimmung des Ich's; aber
nur eine solche, welche sein Wissen, nicht sein Sein
betrifft; dieses Wissen und Denken kann Alles erfassen,
jeden Inhalt, den die Wahrnehmung bietet, auch den
Inhalt äusserer Gegenstände. Aber das Denken mag
einen Inhalt erfassen, welchen es wolle, immer kann
es sich vermöge der Natur der menschlichen Seele
nicht von den seienden Elementen der Seele loslösen,
und deshalb sind alle Gedanken dieser Seele ihre (meine)
Gedanken.

Dadurch erhält das Wissen den Schein, als wenn es
an die seienden Elemente der Seele nicht blos gebunden
wäre, sondern als wenn dieses Sein der Seele durch das
Denken vermittelt und in das Wissen eingeführt würde
und als wenn seine Wahrheit blos auf das Denken sich
stützte. Lässt man sich zu dieser Annahme verführen,
so hat man dann wenigstens einen Fall, wo das Denken
für sich das Sein erkennt, und die Wahrnehmung ist
dann nicht mehr die Quelle des Wissens von allem
Seienden. Auch Kant hat sich von diesem Schein nicht
ganz frei halten können; er sagt: „Im Bewusstsein meiner
Selbst, beim blossen Denken bin ich das Wesen selbst."
Dieses Wesen soll aber noch nicht die Existenz sein, wie
Kant gleich dahinter bemerkt. Es ist deshalb dunkel,
was Kant unter „Wesen selbst" versteht, ob ein
intelligibles Sein, oder den blossen Begriff des

Wesens; es scheint das Erstere der Fall. Allein solche Unterscheidung von zweierlei Sein ist völlig unfassbar; es giebt nur ein Sein, und wenn Kant dies hier aus dem blossen Denken ableitet, so zerstört er damit sein eigenes Prinzip

In Wahrheit ist dieses Ich immer nur durch Selbstwahrnehmung zu erreichen, und diese begleitet auch alles Denken äusserer Gegenstände; sie wird indess, weil sie im Grade gegen die Vorstellungen des Aeussern schwächer und überall dieselbe ist, in der Sprache mit Selbstbewusstsein bezeichnet: ein zweideutiges Wort, was leicht so verstanden werden kann, als wenn es ein Denken wäre, und als wenn mithin das Denken für sich das seiende Ich erreichte. Auch Kant schwankt deshalb in dem Gebrauch dieses Worts.

Die wahren Ergebnisse sind: 1) das Denken als solches kann, selbst wenn es in dem Ich denke mit dem Ich verbunden, aber ohne die Selbstwahrnehmung auftritt, nie das Sein erreichen, also auch das Sein der eigenen Seele nicht. Man kann hier den Grundsatz Kant's consequenter festhalten, als er selbst gethan. 2) Das Ich ist nur die Bezeichnung der Einheit der seienden und der sie wissenden Zustände der Seele: die nähere Natur dieser Einheit ist unerkennbar. Kant sagt deshalb, dass das Ich keinen Inhalt habe, während es doch immer einen Inhalt hat, nur dass er ein sehr mannigfacher sein kann, da die Zustände der Seele sehr mannigfach sind. 3) Das Ich als Bezeichnung dieser Einheit ist für das ganze Leben ein und dasselbe und unveränderlich. Jede Veränderung im Sein oder im Wissen der Seele trifft nicht diese Einheit, dieses Band derselben; eine Veränderung in dieser Einheit könnte nur eine Aufhebung dieser Einheit, d. h. eine Zerstörung der Seele sein. Dies ist das, was man mit Identität des Ich bezeichnet; aber da diese Identität nur auf der unveränderlichen Einheit beruht, welches Sein und Wissen der Seele zu einer Seele verbindet, so hindert diese Identität des Ich's nicht, dass in den seienden und wissenden Zuständen der Seele die mannigfachsten Veränderungen vorgehen können, da durch diese Veränderungen das Band beider, das Ich, nicht berührt wird. Nur in der Ohnmacht und in dem tiefsten Schlafe scheint dieses Band gelöst; das

Wissen scheint da erloschen. Der Mensch würde deshalb
auch mit dem Erwachen sich nicht für denselben mit dem
vor der Ohnmacht halten, wenn nicht die Erinnerung
der früheren Zustände in dem erwachten Ich wieder
vorhanden wäre, welche diese früheren Zustände als die
eigenen weiss. 4) So wie schon das Wissen von Ich
auf Selbstwahrnehmung und nicht auf dem blossen
Denken beruht, so giebt auch die Selbstwahrnehmung
einen reichen Inhalt der seienden Zustände der Seele;
auch in den Wissensarten ist das Sein der Seele mit
ihrem Wissen und Denken verschlungen. 5) Wenn das
Denken diesen Inhalt der Selbstwahrnehmung auf den
zweiten Fundamentalsatz (E. 68) geprüft und gereinigt hat,
so ist kein Grund vorhanden, diesen Inhalt als blossen
Schein oder Erscheinung zu nehmen; vielmehr gilt er
nach dem ersten Fundamentalsatz als seiend, und sein
Wissen als die Wahrheit. 6) Der Mensch ist deshalb
in Bezug auf seine eigene Seele die Wahrheit zu erreichen
im Stande. Die Mittel sind ihm in der Selbstwahrnehmung
und dem Denken gegeben; aber ihre Anwendung erfordert
Uebung und Sorgfalt, und wo diese fehlen, bleiben
Täuschungen in dem wahrgenommenen Inhalt un-
erkannt, oder das Denken mischt sich als Phantasie
ein und verfälscht den Inhalt.

Zu diesen wichtigen Resultaten hatte Kant sich den
Weg versperrt, weil er in Verkennung der Natur der
mathematischen Wahrheit meinte, alles Räumliche und
alle Kategorien für blosse subjective Formen erklären zu
müssen, und ihm damit die Dinge an sich, einschliesslich
der eigenen Seele, unerreichbar wurden.

Die Ausführungen Kant's hier zerstören deshalb
nicht blos den Irrthum, sondern auch die Wahrheit.

Insbesondere muss als wahr gelten: 1) dass die Seele
selbständig ist; d. h. dass sie nicht in der Form einer
Eigenschaft einem andern Seienden anhängt. Deshalb
ist der Satz Spinoza's, dass die Seele nur als Modus
oder Accidenz der Substanz Gottes inhärire, für das
menschliche Vorstellen ebenso unfassbar wie verletzend.
Aus dieser Selbständigkeit folgt aber nicht, dass die Seele
Substanz in dem Sinne der alten Metaphysik, d. h.
beharrlich und ein Etwas, was als das Wesen hinter
ihren wahrnehmbaren Zuständen steckt. 2) Die Seele

wird nicht als räumlich ausgedehnt und deshalb
nicht aus räumlichen Theilen bestehend wahrgenommen.
Dies schliesst aber nicht aus, dass die Seele, wie alles
Geistige auch räumlich ausgedehnt sein kann, was
nur von ihrem Innern aus nicht wahrgenommen werden
kann. Auch zeigt die Selbstwahrnehmung, dass in der
Seele zahlreiche Unterschiede nach Arten und Graden
und zeitlicher Dauer bestehen (Gefühl, Begehren, Vorstellungen). Deshalb ist die Seele schon in diesem
Sinne nicht einfach. 3) Die Seele ist ein einzelnes
Wesen. Sie kann wohl durch Begehren mit anderen
Seelen und mit Körperlichem in Verbindung treten
(E. 30), und solche Verbindungen, wie die Ehe, pflegen
auch Einheiten genannt zu werden; aber die Seele ist
mit keiner andern Seele oder Geist in der Form der
Durchdringung oder Mischung (E. 27) geeint: Alles, was in
ihr sich durchdringt, wie Fühlen, Begehren, Wissen sind
nur ihre eigenen Zustände; alles dies gehört ihr an und
es ist nichts Fremdes mit daran. 4) Die Seele ist, selbst
wenn sie auch keinen Raum einnimmt, doch in dem Raume,
und durch die Verbindung mit ihrem eigenen Körper
vermag sie auf das Körperliche im Raume einzuwirken.
Die Art, wie diese Verbindung zwischen Seele und
Körper sich vollzieht, ist aber so wenig erkennbar, wie
die Einheit von Sein und Wissen innerhalb der Seele.

Man wird leicht bemerken, dass diese Sätze mit
den von Kant bekämpften vier Paralogismen Aehnlichkeit haben; aber auch nur Aehnlichkeit. In diesen
Paralogismen werden, strenggenommen, nur Beziehungen
von der Seele ausgesagt, sie sind deshalb leer und
unrichtig; in obigen Sätzen werden dagegen weit-
reichende seiende Bestimmungen von der Seele ausgesagt. Die Unsterblichkeit ist natürlich nicht darunter;
die Philosophie hat keine Mittel, sie zu bejahen oder
zu verneinen. Man kann nur Wahrscheinlichkeiten auf
Grund von Hypothesen und Analogien erreichen, welche
nach dem jetzigen Stand der Naturwissenschaft eher
gegen als für die Unsterblichkeit in ihrem gewöhnlichen Sinne sprechen.

Kant vertröstet den Leser wegen des niederschlagenden Ergebnisses seiner theoretischen Philosophie
auf die praktische Philosophie, in welcher die a priori

erkannten Gesetze der Freiheit und des Handelns sowohl das eigene Dasein wie das Dasein Gottes und die
Unsterblichkeit der Seele ergäben. Dies ist der schwächste
Punkt im System Kant's, wie schon Schopenhauer
dargelegt hat: das Nähere kann indess nur innerhalb
der Philosophie des Seienden dargelegt werden. Man
vergleiche Bd. 22, S. 149.

Kant hatte in der ersten Ausgabe der Kritik der
reinen Vernunft diese Paralogismen ausführlicher behandelt; dieser Text der ersten Ausgabe ist als Nach-
trag am Schluss des Werkes beigefügt. In den Sätzen
selbst und ihren Beweisgründen besteht zwischen beiden
Ausgaben kein wesentlicher Unterschied; wohl aber
enthält die erste Ausgabe ein viel entschiedeneres An-
erkenntniss des Idealismus, zu welchem Kant durch
seine Prinzipien geführt wurde. Es sind darin die
Grundgedanken des späteren Idealismus von Fichte
und von Schopenhauer beinah wörtlich zu finden.
Kant erinnert wiederholt, dass wir bei unseren Sinnes-
wahrnehmungen es nicht mit wirklichen äusseren
Dingen, sondern nur mit Vorstellungen von solchen
zu thun haben. Der Unterschied von Kant's
Idealismus gegen den Fichte's liegt nur darin, dass
Kant noch ein Ding-an-sich festhält, was die Ursache
äusserer Wahrnehmungen sein soll, aber für sich
unerkennbar sei. Fichte liess auch dieses Ding-an-sich
bei Seite und erkennt nichts an, als das Ich und sein
Wissen: während Schopenhauer, durch die schein-
bare Unmittelbarkeit des Wissens von unseren Seelen-
zuständen verleitet, in den von der Selbstwahrnehmung
gegebenen Gefühlen und Willensacten der Seele das
Ding-an-sich gefunden zu haben meinte.

78. (Kr. 358.) Antithetik der reinen Vernunft.

Es ist irrig, wenn Kant meint, die in dieser Anti-
thetik vorgetragenen Lehrsätze seien an sich selbst frei
von Widerspruch. Es wird sich zeigen, dass jedes Paar
einen Widerspruch enthält, und dass die Antinomie nur
daraus entspringt, dass jeder, der den Widerspruch ent-
haltenden Sätze eine natürliche Berechtigung in sich
trägt und deshalb dem andern nicht weichen mag. Die
Antinomien sind übrigens nicht auf die vier von

Kant behandelten Paare beschränkt; sie entstehen überall wo Beziehungsformen als seiende Bestimmungen behandelt werden, wie aus Plato's Parmenides erhellt. Hegel behauptete deshalb auch, dass der Widerspruch in jedem Concreten vorhanden sei. Diese Meinung kam nur daher, dass er den Unterschied der Beziehungen von den Seinsbegriffen nicht erfasst hatte.

So kann man z. B. in jede Qualität eine Antinomie bringen, wenn man sie als eine von Null beginnende und continuirlich bis zu ihrem bestimmten Grad wachsende Realität (Anschauung) behandelt. Bei dieser Auffassung treibt jedes Reale zur Vorstellung eines Realen von unendlicher Grösse und von unendlicher Schwäche, obgleich beide nur Beziehungsformen sind. Ebenso hat Zeno, der Eleat, die Bewegung als ein Unmögliches, d. h. Widersprechendes aufgezeigt, indem er sie bald als eine stetige d. h. als ein Wahrgenommenes, bald als eine discrete Grösse von unendlich vielen Theilen, d. h. als Beziehung setzte.

Kant wundert sich, dass bei den Paralogismen der Psychologie diese Antinomien fehlen. Man vergleiche Bd. 22, S. 90. Allein sie sind auch da vorhanden und von Kant nur nicht hervorgehoben. So wird selbst das Verhältniss der Substanz zur Accidenz zu einer Reihe; denn man kann den Grad als das Accidenz der Farbe, die Farbe wieder als das Accidenz der Oberfläche, die Oberfläche als das Accidenz des Stoffes u. s. w. fassen. Deshalb kann diese Reihe auch von der Seele ausgesagt und die Seele zwar als Substanz in Beziehung auf ihre Zustände, aber auch wieder als Accidenz in Beziehung auf eine höhere Substanz vorgestellt werden, wie dies von Spinoza geschehen ist. Die Beziehungen, in denen solches Spiel des Denkens sich allein bewegt, leisten demselben keinen Widerstand, da sie leer an seiendem Inhalt sind. Weitere Antinomien sind leicht aufzuzeigen. So ist die Seele einfach; aber da im Raum nichts einfach ist als der Punkt, und der Punkt das Nichts ist, so kann die Seele nicht räumlich einfach, d. h. nicht ein Nichts sein. So ist die Seele numerisch Eins, allein sie wird von Kant selbst in eine Menge von Kräften (Verstand, Urtheilskraft, Gedächtniss u. s. w.) zerlegt; sie ist also nicht Eins, sondern Viele, und Kant hat

nicht einmal das Band für diese Vielen angegeben. —
So ist die Seele im Verhältniss zu den Körpern im Raume;
aber bei ihrer, von den Körpern durchaus verschiedenen,
keinen Uebergang von diesen gestattenden Natur ist sie
vielmehr durch eine Kluft von ihnen getrennt, welche
kein Verhältniss zwischen ihnen (Verbindung) gestattet.
Es ist also irrig, wenn Kant meint, die Antinomien seien
auf die vier von ihm behandelten beschränkt. Am voll-
ständigsten ist die zweideutige Natur der Beziehungen
im Parmenides von Plato aufgedeckt, und zwar in
univer Weise, da Plato ihren Unterschied von den
Seinsbegriffen selbst nicht erfasst hatte.

79. (Kr. 363.) Erste Antinomie.

Kant's Beweise für Thesis und Antithesis sind für
das gewöhnliche Vorstellen nicht überzeugend. Man
kann einwenden: Weshalb soll nicht eine unendliche
Zeit schon vergangen sein; es war ja Platz dazu da
und keine Schranke vorhanden. Noch schwächer ist
der Beweis, dass der Raum nicht unendlich sein könne,
denn der Raum ist ausser mir, und seine Unendlichkeit
ist also nicht davon bedingt, dass ich mir dieselbe als
seiend vorstellen könne. Jene unendliche, demnach
unausführbare Synthesis des Vorstellens ist also keine
Bedingung des unendlichen Raumes selbst.

Ebenso ist unverständlich, weshalb in einer leeren
Zeit ein Ding nicht entstehen könne, nur der Zeitpunkt
seines Entstehens kann dann nicht angegeben werden,
aber das Entstehen an sich ist durch die Leere der
Zeit nicht gehindert.

Endlich folgt aus der begrenzten Welt nicht, dass
der Raum über sie hinausgehen müsse, vielmehr ist, da
der Raum zur Welt gehört, dann auch dieser begrenzt.

Auch die folgende Anmerkung Kant's bessert diese
Beweise nicht; sie deutet nur die Auflösung der Antinomie
an, die später ausführlich von Kant gegeben wird, und
welche einfach darin besteht, dass der Raum und die Zeit
nichts Wirkliches sein sollen, sondern blos eine Function
unseres Vorstellens. Sie sind deshalb nicht vor den
Dingen, sondern erst mit der Wahrnehmung derselben
und verschwinden wieder mit dieser.

Die realistische Philosophie, welcher Raum und Zeit ein Wirkliches sind, kann diese Auflösung nicht annehmen, für sie liegt die Lösung in der Natur der Beziehungen. Die Antinomien Kant's entspringen nur aus einer Verwechselung der Beziehungsformen mit den Begriffen des Seienden. In der Darlegung dieser Verwechselung liegt ihre wahre Auflösung.

Die erste Antinomie ruht auf der Zweideutigkeit des Wortes: Grenze oder Ende. In dem einzelnen bestimmten Gegenstande ist die Grenze oder Bestimmtheit aller seiner Zustände und Eigenschaften mitgegeben, sie ist eine seiende, bejahende Bestimmung. Aber die Grenze kann auch als Beziehung, als Anfang des Andern vorgestellt werden, und dann ist jeder Gegenstand nur durch das Dasein des Anderen begrenzt, dieses Andere ebenso, und so führt das Dasein des einen Gegenstandes zur unendlichen Reihe von Andern, d. h. die Grenze, als Beziehung gefasst, führt zur Unendlichkeit, d. h. zur Grenzenlosigkeit.

Für die realistische Auffassung ist dies ein blosses Spiel des Denkens. Die Beziehung, die auf ein Anderes bezogene Grenze, ist keine seiende Bestimmung. So trifft dieser Widerspruch nicht das Sein, sondern entsteht nur, wenn, in Unkenntniss der Natur der Beziehungen, diese als seiende Bestimmungen genommen werden.

Damit ist die Auflösung des Räthsels gegeben, und es bedürfte keiner weiteren Erörterung, wenn nicht Raum und Zeit eine Besonderheit enthielten, welche noch eine Erörterung fordert.

Die einzelnen wahrgenommenen Gegenstände haben ihre Bestimmtheit, also auch ihre Grenze in positivem Sinne an sich selbst. Deshalb ist die Unendlichkeit von ihnen, als Seienden, ausgeschlossen. Allein wenn die Erfüllung durch die Gegenstände aus den einzelnen Räumen und Zeiten im Denken abgetrennt wird, so fliessen diese Räume in einen Raum, und die hintereinander liegenden Zeiten in eine Zeit zusammen. Es zeigt sich dann, dass die Begrenzung und Unterscheidung des Räumlichen und Zeitlichen nur auf ihrer Erfüllung ruht, und dass deshalb das Vorstellen, wenn diese Erfüllung abgetrennt wird, keine Bestimmung besitzt, welche als Grenze des leeren Raumes und der leeren Zeit gelten

könnte. Deshalb wird die Grenzenlosigkeit beider zu
einer ihnen anhaftenden untrennbaren Bestimmung, und
der Satz scheint gerechtfertigt, dass Raum und Zeit als
Wirkliches unendlich sind.

In dem Begriffe der Welt, als des unbedingten All,
liegt aber, dass ausser ihr nichts sein kann, dass sie
Alles umfasst, dass sie also ein Abgeschlossenes, ein
Vollendetes und Ganzes bildet. Auch wird die Welt
nicht erst. Hiernach gehören auch Raum und Zeit zur
Welt, und die Unendlichkeit beider kann keine werdende
sein, sondern eine vollendete, eine beendete. Damit
ist der Widerspruch einer beendeten Unendlichkeit
fertig, und je nachdem man im Vorstellen der Welt nur
an ihre Alles umfassende Bestimmtheit denkt oder nur
an die Natur des Raumes und der Zeit, erscheint sie
entweder als begrenzt oder als unendlich.

Dies ist die Antinomie Kant's in ihrer strengen
Fassung. Man sieht, der Grund derselben liegt einerseits
in der Natur des Raumes und der Zeit und andererseits
in dem Begriffe der Welt. Die realistische Auffassung
kann nun nicht die Mittel Kant's zu ihrer Auflösung
benutzen; für sie sind Raum und Zeit ein Wirkliches,
allein sie vermag dennoch den Widerspruch zu beseitigen.
In die Vorstellung Welt kommt das Abgeschlossene,
Vollendete nur durch die Beziehungsform des Alle;
dieses ist keine seiende Bestimmung, und deshalb ist
es gar nicht nothwendig, dass die seiende Welt abgeschlossen, vollendet sein müsse; sie verträgt sich auch
mit einem Werden und Ausdehnen ohne Ende.

Sodann fehlt nur in unserem Vorstellen die Grenze
für den Raum und die Zeit; deshalb liegt die Nothwendigkeit ihrer Endlosigkeit nur in unserem Vorstellen, aber
wir haben kein Recht zu dem Schluss: weil wir uns eine
Grenze für beide nicht vorstellen können, so besteht
auch keine in der Wirklichkeit. Deshalb ist die
wirkliche Unendlichkeit beider keine nothwendige Folge.

Sollte aber diese Unendlichkeit auch wirklich sein,
so liegt der Widerspruch in dem Vorstellen einer
solchen Unendlichkeit nur darin, dass der Mensch die
Unendlichkeit blos als Beziehung durch Nicht vorstellen kann. Der Mensch hat keine bejahende
oder bildliche Vorstellung davon in seinem Wissen; er

kann sich einer solchen nur durch fortwährendes Verneinen der Grenze nähern, aber sie nie erreichen. Nur deshalb wird das Unendliche in seiner bildlichen Vorstellung nie fertig und kann scharf und rein nur als Verneinung der Grenze gedacht werden. In der wirklichen Unendlichkeit wird aber ein Sein ohne Verneinung gesetzt, und da diese Vorstellung dem Menschen nicht möglich ist, so entspringt daraus der Widerspruch. Es erhellt, dass er seinen Grund nur in der Natur des menschlichen Vorstellens hat. Für Wesen, welche die Unendlichkeit bejahend fassen können, hört der Widerspruch auf. Es kann also auch hieraus gegen die Wirklichkeit des Raumes und der Zeit nichts abgeleitet werden.

Für diesen Unterschied im Vorstellen des Unendlichen bestehen schon Anhalte innerhalb des menschlichen Wissens. So kann ein Blindgeborener sich die Farbe nur als eine unendliche Zahl von Vibrationen der Aether-Moleküle vorstellen; für den Sehenden verwandelt sich diese Beziehungs-Unendlichkeit in eine bejahende Bestimmung, in die der Farbe. So ist der Bruch 0,3333 .... eine Unendlichkeit durch Verneinung der Grenze; aber diese Unendlichkeit verwandelt sich in eine bejahende Vorstellung in dem Bruche $\frac{1}{3}$. So wird in dem Polygon mit unendlich vielen Seiten die Unendlichkeit verneinend vorgestellt; in der Vorstellung des Kreises wird diese Unendlichkeit bejahend zu einer bestimmten Qualität. Aehnliches geschieht bei der Infinitesimal-Rechnung.

Damit ist die Auflösung der ersten Antinomie erreicht, ohne dass die Wirklichkeit von Raum und Zeit geopfert wird, wie Kant thut.

Die spätere Philosophie hat diese Antinomien Kant's nicht mit der Gründlichkeit behandelt, welche sie verdienen. Insbesondere hat Hegel für ihre Auflösung den sonderbaren Ausweg gewählt, dass der Widerspruch in denselben gerade das Kennzeichen ihrer Wahrheit sei. Alles Wahre enthält nach Hegel den Widerspruch in sich; der Raum ist zugleich discret und continuirlich; nur die Einheit des sich Widersprechenden ist für Hegel die Wahrheit. Trotzdem benutzt indess Hegel in naiver Weise den

Widerspruch, um damit die Unwahrheit bei seinen Gegnern nachzuweisen.

80. (Kr. 371.) Zweite Antinomie.

Die zweite Antinomie entspringt aus dem Spiel mit der Beziehungsform des Ganzen und seiner Theile *(E. 40)*. Das Ganze ist von seinen Theilen untrennbar; so wie die Ursache nicht ohne Wirkung, so kann das Ganze (als zusammengesetzt) nicht ohne Theile sein. Diese Theile sind dem Ganzen gegenüber das Nicht-Ganze, das Nicht-Zusammengesetzte, d. h. das Einfache. Aber der Theil kann auch wieder als ein neues Ganze behandelt werden, so wie die Wirkung als eine neue Ursache. Dann hat dieser Theil wieder seine Theile, und in dieser Beziehungsform liegt kein Hinderniss, sie so ohne Ende anzuwenden und jeden Theil wieder als ein Ganzes zu nehmen. Somit ist das Einfache immer da und verwandelt sich auch immer wieder in ein Zusammengesetztes. Dies ist der Kern der zweiten Antinomie. Der Widerspruch kommt nur dann hinein, wenn man die blos beziehende Natur dieser Auffassung vergisst und sie als ein Seiendes nimmt.

Im wirklichen Sein, wie es die Wahrnehmung bietet, ist dagegen kein Ganzes mit seinen Theilen enthalten, sondern jeder Gegenstand ist zunächst ein einziger. Erst wenn er in Trennstücke zerlegt wird, ist die Beziehung des Ganzen und seiner Theile darauf anwendbar. Dies Trennen ist nun im blossen Vorstellen immer ausführbar, und daher nimmt die Auffassung eines Gegenstandes, als eines aus Theilen bestehenden Ganzen, für den Unaufmerksamen so leicht den Schein an, als wenn sie eine seiende Bestimmung bedeute.

Allein aus diesem Trennen im Vorstellen folgt noch nicht, dass dasselbe auch in der Wirklichkeit ausführbar ist; dieses letztere kann nur durch Wahrnehmung festgestellt werden, und der Gegenstand kann erst dann als ein aus Theilen bestehendes Ganze aufgefasst werden, wenn diese wirkliche Trennung vollführt ist. Das Einfache als Seiendes ist dann der Gegenstand, bei dem die wirkliche Theilung nicht möglich ist. Diese

Einfachheit kann nun aus keiner Erfahrung abgeleitet werden, weil alle Mittel der Trennung nicht nothwendig dem Menschen bekannt sein müssen. Das Sein der Dinge ist aber weder von dieser Einfachheit noch von der Zusammensetzung abhängig; es ist unmittelbar durch die Wahrnehmung gegeben und bleibt, mag eine Theilung desselben ausführbar sein oder nicht. Auch ist das Einfache nicht zeitlich vor seiner Zusammensetzung, vielmehr sind in der Beziehung des Ganzen und seiner Theile beide Seiten zugleich und untrennbar. Im Gegenstande ist zunächst keines von beiden; erst wenn er wirklich getheilt wird, kann er als das Ganze seiner Theile gefasst werden, und umgekehrt, wenn der Gegenstand mit anderen verbunden wird, wird er der Theil eines grösseren Ganzen.

Von dem Satz, dass die wirkliche Theilung allein die Nicht-Einfachheit beweisen kann, scheint nur der Raum und die Zeit eine Ausnahme zu machen. Von diesen meint man a priori ihre Theilbarkeit ohne Ende ebenso behaupten zu können, wie oben ihre Vergrösserung ohne Ende. Allein auch hier, wie dort, fehlt nur unserer Wahrnehmung die Bestimmung, welche diese Theilbarkeit beschränkt. Nur deshalb kann dieser Theilbarkeit kein Ende im Vorstellen gesetzt werden. Aus diesem Mangel in unserem Vorstellen kann aber nicht gefolgert werden, dass auch in der Wirklichkeit ein solches Ende fehle, und selbst wenn dies der Fall wäre, würde aus der unendlichen Theilbarkeit nicht die Unmöglichkeit der Raum- und Zeitgrössen folgen; denn das Sein des Theiles ist nicht das Erste und nicht die Bedingung des Ganzen, sondern beide sind zugleich. Jede räumliche oder zeitliche Grösse kann möglicherweise getheilt werden; aber ihre Theile bestehen nicht vor ihr, sondern werden erst aus ihr gebildet; das Sein jener ist also dadurch nicht gefährdet, dass dieses Theilen ohne Ende fortgeführt werden kann. Nach diesen Ausführungen verschwindet die Antinomie, ohne dass man die Wirklichkeit des Raumes, der Zeit und der wahrgenommenen Dinge zu opfern braucht.

Die Ausführungen Kant's leiden hier an ähnlichen Dunkelheiten und Unrichtigkeiten, wie bei der ersten Antinomie.

81. (Kr. 377.) Dritte Antinomie.

Dasselbe Spiel mit Beziehungen, welches in der zweiten Antinomie mit dem Ganzen und seinen Theilen stattfand, wiederholt sich in der dritten mit der Ursache und ihrer Wirkung. In der einfachen Beziehung ist die Ursache nur Ursache und nicht Wirkung: sie ist also unbedingt d. h. frei; allein die Beziehungsform kann bei ihrer Inhaltslosigkeit wiederholt werden, d. h. die Ursache kann selbst als Wirkung genommen werden und fordert dann eine neue Ursache, und so ohne Ende fort. Die Ursache für sich ist die Freiheit; allein indem die Ursache auch als Wirkung einer andern Ursache gefasst werden kann, verschwindet die Freiheit, und es bleibt nur die Abhängigkeit. Dies ist der Kern der dritten Antinomie. So wie man sich aber besinnt, dass die Ursachlichkeit nur eine Beziehungsform ist, so erhellt, dass diese Umkehrenden nichts Seiendes bezeichnen und deshalb nicht als Widersprüche gelten können. In dem Gegenstande ist weder die Ursache noch die Wirkung wahrzunehmen, sondern nur die seienden Bestimmungen der Farbe, des Tones, der Wärme, der Härte, der Grösse, der Gestalt, der Lust, des Wollens u. s. w. Man kann einen Gegenstand auf das Vollständigste kennen, ohne doch seine Ursache und seine Wirkung zu kennen, und man kann diese kennen, ohne das Mindeste von jenem zu wissen.

Nun zeigt die Beobachtung vielfach eine regelmässige Folge bestimmter Nach auf bestimmte Vor; die Induction macht daraus allgemeine Gesetze, und mit deren Anwachsen bildet sich die Meinung, dass Alles in der Welt bedingt, oder die Wirkung einer Ursache sei. Damit ist jene unendliche Reihe auf das Seiende übertragen, und es entsteht nun derselbe Widerspruch, wie in der ersten Antinomie; eine unendliche Reihe von Ursachen und Wirkungen aufsteigend und absteigend, während doch das gegenwärtige Dasein eines Gliedes dieser Reihe dieser Unendlichkeit widerspricht. Bricht man deshalb die Reihe ab, so hat man die Freiheit, aber in Widerspruch mit jener allgemeinen Causalität; lässt man aber die Reihe ohne Ende aufwärts gehen, so verliert man wieder die Freiheit und die Möglichkeit des

Daseins des gegenwärtigen Gliedes, weil die voraufgegangenen Glieder kein Ende im Aufsteigen nehmen, also auch das jetzt vorhandene Glied nicht erreicht werden konnte.

Diese Antinomie löst sich, wenn man sich erinnert, dass die Ursachlichkeit (Erzeugung E. 46) nur eine Beziehung im Denken und kein Seiendes ist. Auch die allgemeine Gesetzlichkeit in der Natur ist nur eine Vermuthung und ohne strengen Beweis. Es kann deshalb Freiheit neben Abhängigkeit zugleich bestehen; in dem einen Gebiete kann das Entstehen ohne Ursachen, im andern nur nach Ursachen geschehen. Ebenso ist die Unendlichkeit der Reihe für das Sein keine Nothwendigkeit: jede Reihe kann zuletzt von einer freien Ursache abgebrochen werden; aber selbst wenn dies nicht geschieht, folgt aus der Unendlichkeit der Vergangenheit keine Unmöglichkeit der Gegenwart: beides widerspricht sich nur in dem menschlichen Vorstellen, weil da die Unendlichkeit nur verneinend gefasst werden kann.

Die Beweise Kant's sind auch bei dieser Antinomie unzureichend. Man sieht nicht ein, wie Kant behaupten kann, dass die unbeschränkte Causalität sich selbst widerspreche, wenn die Reihe aufwärts ohne Ende fortgehe. Eben so wenig ist von der Causalität der Gegenstand und seine feste Stelle in der Zeit, d. h. die Erfahrung, abhängig, wie bereits in No. 79 ausgeführt worden ist. Selbst Kant sagt hier in seiner Anmerkung zur Antithese nur: dass dann das Merkmal der Erfahrung grösstentheils verschwinden würde, und die Natur bei dem Dasein der Freiheit sich kaum noch denken lasse.

82. (Kr. 383.) Vierte Antinomie.

Die vierte Antinomie ist nur eine Wiederholung der dritten, welche aber durch die Verdrehung des Begriffes der Nothwendigkeit unverständlich wird. Kant spricht zwar darin nur vom Bedingten und Unbedingten, aber er meint damit nur die Causalität, wie der Anfang des Beweises der Antithese und seiner Anmerkung ergiebt. Sein Beweis der Thesis führt deshalb nur auf die freie Ursache und sein Beweis der Antithesis auf die Unmöglichkeit der causalen Reihe, wie sie in der dritten Antinomie bereits dargelegt worden ist. Kant

bringt nur dadurch einen scheinbaren Unterschied hinein,
dass er die erste Ursache nicht mehr die unbedingte,
die freie, sondern die absolut-nothwendige nennt.
Es ist dies aber eine Verdrehung dieses Begriffes, welche
sich nur daraus erklärt, dass Kant dabei Gott im Sinne
hatte, welcher in der Religion als ein nothwendiges
Wesen gilt, und dass es Kant darauf ankam, Gott mit
in die Antinomien hinein zu ziehen. Die Nothwendigkeit
ist indess nur im Wissen (E. 62), nicht im Sein und
selbst nicht in Gott, als einem seienden Wesen; vielmehr
ist der Gott der Religion das Absolut-freie. Die
Nothwendigkeit liegt, wie Kant anderwärts anerkennt,
gerade in der Verbindung der Wirkung mit der Ursache:
wird diese Verbindung bei dem ersten Gliede der
causalen Reihe aufgehoben, so hört gerade dadurch bei
demselben die Nothwendigkeit auf. Deshalb nennt es
auch Kant selbst: das Unbedingte, d. h. das Nicht-
Nothwendige. Man kann allerdings die Nothwendigkeit
auch anders fassen, so bei Spinoza: als ein Sein, was
aus seinem Begriffe folgt: oder als ein Sein, welches un-
vergänglich, unzerstörbar ist, wie dies innerhalb der
Religion geschieht; in solchem Sinne nimmt aber Kant
hier die Nothwendigkeit nicht. Wahrscheinlich versteht
Kant unter einem schlechthin-nothwendigen
Wesen hier die *Causa sui* d. h. ein Wesen, was die
Ursache seines Seins in sich selbst, nicht in einem
Anderen hat. Ebenso wird aber auch die Freiheit von
Kant (Kr. 374) definirt, und deshalb ist nach ihm das
Schlechthin-Nothwendige auch das Schlechthin-Freie:
eine Auffassung, die dann auch Hegel festhält.

Die Beweise Kant's bei dieser Antinomie sind nur
eine unklare Wiederholung der Beweise der dritten
Antinomie. Der Unterschied, ob die letzte Ursache
innerhalb oder ausserhalb der Welt ist, erscheint sehr
unwesentlich, da der Begriff Welt selbst ein willkür-
licher ist und sowohl das All der Erscheinungen, wie
das All der Dinge bezeichnen kann.

Es erhellt aus der zur dritten Antinomie gegebenen
Auflösung, dass sowohl freie Ursachen, wie unendliche
causale Reihen neben einander bestehen können; die
realistische Philosophie kann deshalb über das Dasein oder
Nichtdasein einer letzten Weltursache nichts entscheiden.

83. (Kr. 397.) Die Antinomien. Dritter Abschnitt.

Das Interesse oder Gefühl, was sich an eine oder die andere Entscheidung der Antinomien heftet, ist hier von K a n t sehr zierlich dargelegt. Nur irrt er darin, dass er meint, der Empirismus, d. h. die in den Antithesen enthaltene Auffassung, werde nie die Grenzen der Schule überschreiten und nie die Gunst der grossen Menge erwerben.

Seit den 100 Jahren, dass die Kritik erschienen, ist die Naturwissenschaft so vorgeschritten und hat so Wunderbares für die menschliche Gesellschaft geleistet; ebenso ist die Frage über die Zweckmässigkeit der Organismen und die Entstehung der Arten durch D a r w i n und Andere so überzeugend auf natürliche Ursachen zurückgeführt worden, dass die religiöse Lehre hierüber in weiten Schichten der Gesellschaft erschüttert worden ist. Jene empirische Auffassung hat sich somit in einer Weise ausgebreitet, welche K a n t für unmöglich hielt.

Ebenso ist die Meinung K a n t ' s , als wenn die Moral durch die Thesen bedingt sei, eine irrige. Man erkennt jetzt immer mehr, dass die Sittlichkeit nicht durch den Glauben an Gottes Vorsehung, an die Unsterblichkeit der Seele und an eine künftige Belohnung der Guten und Bestrafung der Schlechten bedingt ist; vielmehr wird sie dadurch verunreinigt. K a n t selbst hat dies in seinem kategorischen Imperativ und in seiner Autonomie der Vernunft anerkannt. Die Richtung der Philosophie geht jetzt sogar dahin, jenes S o l l , was für K a n t noch ein A-priori-Wissen ist, von einem I s t abzuleiten und so selbst die Moral und die Rechtsphilosophie zu einer Erfahrungswissenschaft umzuwandeln, ohne dabei der sittlichen Macht ihrer Gebote Eintrag zu thun.

84. (Kr. 403.) Die Antinomien. Vierter Abschnitt.

Der Schluss dieses Abschnittes stimmt ganz mit der in diesen Erläuterungen oben gegebenen Lösung. Auch K a n t erkennt hier an, dass gegenständlich die in den Antinomien enthaltenen Gegensätze nicht gelöst werden können; er nennt diese Lösung die dogmatische

Auflösung. Es kann nur gezeigt werden, dass die Verwechselung der Beziehungen mit Seinsbegriffen diese Widersprüche veranlasst: sie verschwinden deshalb mit der Erkenntniss dieses Unterschiedes, ohne dass das Sein des Wahrgenommenen deshalb zur blossen Erscheinung herabgesetzt zu werden braucht. Auch Kant sucht den Grund der Antinomien in dem menschlichen Vorstellen; aber er geht, durch andere Umstände verleitet, zu weit, und er gewinnt die Auflösung nur dadurch, dass er auch das Wahrgenommene zur Erscheinung macht und die Dinge selbst für unerkennbar erklärt: ein Verfahren, welches freilich das Leichteste ist, aber das Kind mit dem Bade ausschüttet.

85. (Kr. 407.) Die Antinomien. Fünfter Abschnitt.

. In diesem Abschnitt kommt Kant der in diesen Erläuterungen vertretenen Auffassung sehr nahe; allein seine Verwechselung der Beziehungen mit Seinsbegriffen hindert ihn an der Erreichung dieser so einfachen Lösung. Das „zu grosse" der Idee kommt eben davon, dass sie nur Verneinung und Beziehung ist, welche bei ihrer Inhaltslosigkeit ihre Anwendung auf jedwedes, also auch eine Wiederholung ohne Ende gestattet und damit in die unendliche Reihe geräth, welche als Seiend genommen, ein Widerspruch ist. Das „zu kleine" der Idee tritt ein, wenn man die Bezogenen als seiende Gegensätze nimmt, welche keine Umwechselung gestatten, so dass man z. B. die Ursache nicht als Wirkung, den Theil nicht als Ganzes nehmen darf. Dem widerspricht wieder die Beziehungsform, welche in sich nichts hat, was diese Umwechselung und somit die unendliche Reihe hindern könnte.

86. (Kr. 411.) Die Antinomien. Sechster Abschnitt.

In diesem Abschnitt giebt Kant eine sehr klare Zusammenfassung seines transcendentalen Idealismus. Das Verständniss ist nur dadurch etwas erschwert, dass Kant das Wort wirklich von dem Wahrgenommenen und von den Gegenständen der Erfahrung gebraucht, obgleich er doch deutlich sagt, dass dieses Wahrgenommene und diese Erfahrung nur eine Erscheinung ist, welche ihren Sitz blos in unserm Vorstellen hat

und nirgends anderswo anzutreffen ist.   Damit ist das
Wirkliche selbst zu einem Schein herabgesetzt, was
gegen den Sinn dieses Wortes läuft.   Kant ist dadurch
genöthigt, das eigentlich Wirkliche mit: Ding-an-
sich, mit: transscendentales Object und mit: intelligible
Ursache zu bezeichnen, was das Verständniss erschwert.
Kant behandelt den empirischen oder materialen
Idealismus sehr verächtlich im Vergleich zu dem von ihm
begründeten transscendentalen: allein es ist für den
Menschen kein wesentlicher Unterschied, ob die äusseren
Dinge ganz aufgehoben, oder ob sie nur für völlig
unerkennbar erklärt werden.   In beiden Fällen bewegt
sich der Mensch in lauter Schein und Lüge.   Weil
Kant dies nicht gern einräumen mag, geräth er auf
jene Verdrehung des Wortes: Wirklich.

87. (Kr. 419.) Die Antinomien. Siebenter Abschnitt.

In diesem Abschnitt giebt Kant die Auflösung der
Antinomien in seiner Weise; sie liegt nach ihm in der
Umwandlung der Dinge-an-sich in blosse Erscheinungen,
welche nur im Vorstellen des Menschen und nirgends sonst
bestehen.   Jene Unendlichkeit, welche in den Antinomien
zu Widersprüchen führt, ist deshalb nichts Wirkliches,
sondern nur die Möglichkeit des endlosen Regressus im
Vorstellen.   Die Dinge bestehen nicht als solche in diesen
unendlichen Reihen, sondern das Vorstellen erzeugt sie
erst und immer nicht weiter, als es selbst im Regressus
der Bedingungen zu gehen Lust hat.

Wäre dagegen das Wahrgenommene wirklich oder
das Ding-an-sich, so wären nach Kant diese Antinomien
unlösbar.   Damit dienen sie Kant als Bestätigung seiner
Lehre: sein transscendentaler Idealismus soll allein fähig
sein, diesen Widerspruch zu heben.

Dies wäre ein sehr bedeutendes Moment für Kant;
allein es ist bereits früher dargelegt worden, dass die
Wirklichkeit des Wahrgenommenen, einschliesslich des
Raumes und der Zeit, zu keinem Widerspruch führen,
und dass die Auflösung der Antinomien schon dadurch
wahrhaft geschehen kann, dass man die darin enthaltene
Verwechselung der Beziehungen mit den Seinsbegriffen
aufdeckt.

Uebrigens können auch die hier erwähnten Sätze
Zeno's einen Beleg hierfür abgeben. Keine Beziehung
ist auf einen Gegenstand allein anwendbar; jede bedarf
mehrerer (E. 32): deshalb können sie von der Welt,
die nur eine ist und nichts neben sich hat, nicht ausgesagt werden; nur deshalb ist die Welt weder Ursache
noch Wirkung, weder Form noch Inhalt; nur deshalb
ist weder das Nicht, noch das Und, noch das Oder
auf sie anwendbar, deshalb kann sie auch nicht
gezählt werden. Selbst das Alle gilt nicht für die
Welt als solche, sondern nur für die vielen in ihr
befindlichen Dinge.

88. (Kr. 424.) Die Antinomien. Achter Abschnitt.

Dieser Unterschied zwischen Infinitum und Indefinitum ist derselbe, welcher in No. 79 als die Unendlichkeit im bejahenden und verneinenden Sinne dargelegt worden ist. Das Infinitum ist die Unendlichkeit
als seiende, das Indefinitum die Unendlichkeit als
Beziehung oder Verneinung der Grenze. Beide
Begriffe werden erst hierdurch voll verständlich, und
es wäre falsch, ihren Unterschied in dem Conträren
und Contradictorischen zu suchen.

Damit erhellt auch, dass der Regressus im Vorstellen
(der Erscheinungen) immer nur in das Indefinitum
gehen kann und nicht, wie Kant bei der Theilung eines
gegebenen Ganzen (Raumes) meint, *in infinitum*. Beide
Fälle, die Kant unterscheidet, sind vielmehr gleich;
sowohl bei dem Regressus zu den Theilen, wie zu den
Voreltern geschieht derselbe nur *in indefinitum*; man kann
nicht behaupten, dass niemals ein Einfaches oder Erstes
angetroffen werden könne.

89. (Kr. 425.) Die Antinomien. Neunter Abschnitt.

Die Umwandlung des seienden Unbedingten
in die blosse Regel, bei keinem Bedingten stehen zu
bleiben, schlägt Kant höher an als sie es verdient. Es
kommt immer auf die Wahrnehmungen und Beob-
achtungen des Seienden an, ob diese weiter führen oder
nicht; ohnedem ist auch ein solches regulatives Prinzip
werthlos. So sind wir in Bezug auf Farben und hörbare

Töne beschränkt oder bedingt, aber jenes regulative Prinzip hilft trotzdem nicht für die Auffindung neuer Farben über das Spectrum hinaus. Auch gilt in der Naturwissenschaft dieses Prinzip nicht, weil ihr das Wahrgenommene als seiend und nicht als Erscheinung gilt, wenigstens in Bezug auf Kraft und Stoff. In der Erscheinung mag die Reihe der Bedingungen kein Ende nehmen, da sie nur das Erzeugniss des Vorstellens sind, welches als Thätigkeit beliebig fortgesetzt werden kann. Allein im Sein kann ein Einfaches und Letztes Statt haben, und die Wissenschaft geht in ihren Atomen oder Molekulen und deren Kräften auch von solchen aus: man kann nicht behaupten, dass sie das Einfache nie voraussetzen dürfe: es kann nur die Gewissheit dafür nicht durch Erfahrung erlangt werden.

90. (Kr. 428.) Auflösung der ersten Antinomie.

Diese zwei Sätze mit der dazu von Kant gegebenen Andeutung sind zweideutig, weil man nicht bestimmt sehen kann, ob Kant hier unter Welt das Ding-an-sich oder die Erscheinung meint. Dass für die Erscheinungen in der Welt keine Grenze besteht, hat Kant schon so oft dargelegt, dass man diesen Satz hier nicht nochmals erwarten kann. Meint Kant aber die Welt an sich, so ist der Satz entweder dogmatisch, also gegen sein eigenes Prinzip, oder unverständlich, oder tautologisch. Denn in der intelligiblen Welt giebt es weder Raum noch Zeit, folglich versteht es sich von selbst, dass bei ihr weder von Anfang noch von Grenze die Rede sein kann. Dennoch scheint Kant diesen tautologischen Satz zu meinen. Viel deutlicher sagt deshalb Kant später: „die Welt selbst ist weder bedingt, noch auf unbedingte Art begrenzt; d. h. Raum und Zeit sind auf sie, als Ding an sich, nicht anwendbar.

91. (Kr. 432.) Auflösung der zweiten Antinomie.

In diesem Abschnitt widerlegt sich Kant mit seiner Theilung *in infinitum* selbst; er erkennt an, dass man von einem gegebenen Gegenstand nicht sagen darf: er besteht aus unendlich vielen Theilen; und auch nicht: die ganze Reihe der Theilung ist in ihm enthalten. Das heisst mit anderen Worten: das Unendliche ist auch

hier nicht als seiend (*infinitum*), sondern nur als Verneinung (*indefinitum*) gegeben. Der Raum ist also nur
theilbar.

Bei dem Vergrössern wird das letzte Ganze, bei
dem Verkleinern der letzte Theil gesucht; dort ist der
Theil, hier das Ganze gegeben; die Vorstellung des
Einen hilft aber in beiden Fällen nicht zur Vorstellung
des Andern in bejahender Weise, weil die Beziehungen
ohne seienden Inhalt sind.

Die Hereinziehung der Organismen ist hier nicht
passend, weil deren Begriff nicht auf der Stetigkeit des
Raumes, sondern auf der Verbindung der Theile durch
Kraft und Wechselwirkung beruht. Nach dem Sprach-
gebrauche Kant's gehört das Organische nicht zu den
mathematisch-, sondern zu den dynamisch-trans-
scendentalen Ideen.

92. (Kr. 435.) Schlussanmerkung zur ersten und zweiten Antinomie.

An sich enthalten die Beziehungen, aus welchen
nach realistischer Auffassung die kosmologischen Ideen
entspringen, gar keinen Inhalt und sagen über die von
ihnen bezogenen Dinge nichts Eigenschaftliches aus.
Der Unterschied von mathematischen und dynamischen Ideen kann also nicht von ihnen kommen,
sondern nur davon, dass Kant seiende Bestimmungen in
sie mit einflicht. Raum und Zeit sind Grössen, eigen-
schaftliche Bestimmungen; deshalb haben die zwei ersten
Ideen es mit der Grösse zu thun; an sich ist in der Beziehung des Nicht, der Grenze, des Ganzen, der Theile
von Grössen nichts enthalten. Aehnlich schiebt Kant
den beiden letzten Antinomien den Begriff der Kraft
unter; nur dadurch werden die zwei letzten Ideen zu
dynamischen; an sich ist in der Wirkung und Wechselwirkung, so wie im Nothwendigen und Zufälligen, von
Kraft nichts enthalten.

Deshalb gilt auch für die realistische Auffassung der
Unterschied nicht, den Kant aufstellt, wonach die Thesen
und Antithesen der zwei letzten Antinomien beide wahr
sein können, während die der zwei ersten beide
falsch sein müssen. Vielmehr kann bei diesen ersten

Antinomien, wie gezeigt worden (S. 64), entweder die
Thesis oder die Antithesis wahr sein; freilich aus einem
anderen Grunde, als Kant aufstellt.

In der Anmerkung sagt Kant: es lasse sich zu einer
Erscheinung eine intelligible Bedingung denken, ohne
dabei die Reihe der empirischen Bedingungen zu
unterbrechen. Dies ist unmöglich: ein Geschehen kann
wohl aus mehreren Ursachen hervorgehen, deren jede
an ihm ihren Theil hat: aber es kann nicht zwei
Ursachen haben, deren jede allein es vollständig
bewirkt. Dies ist ein Widerspruch.

Nach der realistischen Auffassung löst sich diese
Schwierigkeit dadurch, dass das Causalgesetz nur eine
Beziehung ist und das regelmässige zeitliche Folgen
bestimmter Nach auf bestimmte Vor niemals als ein
allgemeines Gesetz des Seins behauptet werden kann, mithin das Beginnen einer Reihe ohne Ursache, also mit Freiheit, sehr wohl neben rein causalen Reihen bestehen kann.
Nur wenn man mit Kant meint, die Erfahrung sei ohne
Causalgesetz unmöglich, wird die Freiheit in ihr unmöglich;
diese Ansicht ist aber früher schon widerlegt worden.

93. (Kr. 441.) Auflösung der dritten Antinomie.

Hier versucht Kant in ausführlicher Weise zu zeigen,
dass Freiheit neben allgemeiner Naturnothwendigkeit
bestehen könne. Diese Ansicht hat Schopenhauer
als den geistreichsten Gedanken Kant's gefeiert und
seine Ethik darauf erbaut. Allein sie ist weder theoretisch
zu halten noch von practischer Bedeutung.

Zwei Ursachen, deren jede dieselbe Wirkung
ganz allein erzeugt, kann es nicht geben; dies widerspricht dem Begriffe der Ursachlichkeit. Hier behauptet
aber Kant zwei solche Ursachen für dieselbe Erscheinung;
eine intelligible und eine empirische. Diesen
Widerspruch hätte Kant nur dadurch beseitigen können,
dass er die empirische Reihe für einen blossen Schein
und leere Einbildung erklärte. Allein dies that er nicht;
auch zwischen den Erscheinungen soll wahre Causalität
bestehen; mindestens schwankt hier Kant, und daher
erklärt sich auch die Dunkelheit seiner Darstellung.

Dem Begriff der intelligiblen Ursache steht ferner
entgegen, dass Kant anderwärts ausdrücklich erklärt

(*Kr. 610*), die Kategorie der Ursachlichkeit gelte nur innerhalb der Erscheinungswelt.

Auch wäre die Causalität des hinter der Erscheinung eines Menschen steckenden Dinges-an-sich unfassbar. Letzteres steht ausser der Zeit; seine von ihm verursachten Handlungen fallen aber in die Zeit und zwar in verschiedene Zeiten: dies ist nicht zu fassen; ist jenes die wahre Ursache, so müssten seine Wirkungen mindestens sämmtlich zugleich eintreten.

Ebenso unbrauchbar ist diese transscendentale Freiheit für die Moral und das Leben, wie Kant S. 448 der Kritik selbst anerkennt. Hier unterscheidet man innerhalb der zeitlichen Handlungen zwischen freien und unfreien, und die practische Frage ist lediglich, woran erkennt man jene und diese. Hierfür giebt jene transscendentale Freiheit aber keinen Anhalt, weil sie ganz ausserhalb der Erfahrung liegt. Die Frage der Zurechnung bleibt also bei ihr so ungelöst wie vorher. Consequent dürfte danach kein Richter eine Handlung bestrafen, weil er die freien von den unfreien nicht unterscheiden kann. Nach Kant ist sogar dem Handelnden selbst die Schuld und das Verdienst seiner Handlungen gänzlich verborgen. Danach ist die Reue, das Schuldgefühl, das Gewissen auch nur eine Täuschung oder leere Einbildung.

94. (Kr. 453.) Erläuterung zur intelligibeln Freiheit.

Die Ausführungen der vorstehenden Erläuterung werden durch die Erläuterungen Kant's hier nicht widerlegt, sondern bestätigt. Mitunter wendet Kant hier die Sache so, als wenn der empirische Charakter oder die empirische Causalität die Wirkung des intelligibeln Charakters sei; deshalb nennt Kant den empirischen Charakter auch „das sinnliche Zeichen" oder „das sinnliche Schema" von jenem. Die Handlung könnte dann nur als die mittelbare Wirkung des intelligibeln Charakters gelten, während der empirische Charakter ihre unmittelbare Ursache bildet. Allein damit wäre der Widerspruch nicht beseitigt. Ist nicht die einzelne Handlung, sondern der empirische Charakter die Wirkung des intelligibeln, so kann der empirische Charakter seine Ursache wieder nicht in vorgehenden Erscheinungen haben. Der Widerspruch bleibt und ist nur verschoben.

Man kann die kategorischen Imperative, das vom Ist unabhängige Soll und die Causalität der Vernunft als Ding-an-sich, Kant zugeben; man kann auch zugeben, dass sinnliche Anreizungen und Gelegenheitsursachen für die Handlung bestehen; allein wenn dann wirklich gehandelt wird, so wird, mag es so oder so geschehen. Niemand die Ursache für diese Handlung in beiden, in der Vernunft und in den Trieben und Gelegenheitsursachen zugleich suchen, sondern entweder in jener oder in dieser

Ueberhaupt tritt, wenn der empirische Charakter nur die Erscheinung des intelligibeln ist, das Gegentheil der Freiheit ein; alle einzelnen Handlungen sind dann nothwendig und die unabänderliche Wirkung nur scheinbar die Wirkung des empirischen, aber in Wahrheit die des intelligibeln Charakters. Die Freiheit des Menschen ist dann in seinen einzelnen Handlungen nicht zu finden, und dies ist auch die Meinung Schopenhauer's, trotzdem dass er die Kant'sche Auffassung vom intelligibeln und empirischen Charakter theilt. Schopenhauer sagt: „*Operari sequitur esse* ohne Ausnahme. Die Freiheit, welche daher im *Operari* nicht anzutreffen ist, muss im *Esse* liegen. An dem, was wir thun, erkennen wir, was wir sind." (Grundprobleme der Ethik, II Ausgabe, S. 97.)

Eine Freiheit in dem *Esse* oder in dem zeitlosen intelligibeln Charakter ist freilich auch nur noch ein Spiel mit dem Worte Freibeit, da diese ohne zeitlich verlaufendes Handeln nicht gedacht werden kann.

Das Wort Möglichkeit am Schlusse dieses Abschnittes bezeichnet die reale Möglichkeit oder die Möglichkeit, als Erscheinung einzutreten oder wahrnehmbar zu werden.

95. (Kr. 457.) Auflösung der vierten Antinomie.

Der Widerspruch, welcher Kant's Freiheitsbegriff trifft, findet bei seinem Gottesbegriff nicht statt. An sich ist Kant's Auflösung dieser Antinomie dieselbe; die Causalität ist hier nach Kant nicht auf die

Sinnenwelt beschränkt, folglich kann die Ursache einer
Erscheinung in einem intelligibeln Dinge liegen. Der
Widerspruch entstand bei der Freiheit nur dadurch, dass
Kant der einzelnen Handlung oder dem empirischen
Character zwei Ursachen auf einmal gab, eine intelligible
und eine empirische, deren jede allein für sich die ganze
Handlung bewirkte. Hier bei Gott fällt dies weg, weil
Kant denselben ganz ausserhalb der Erscheinungen stellt.

Unter Möglichkeit ist auch hier nicht die
formale oder widerspruchsfreie, sondern die reale oder
den Bedingungen des Seins entsprechende zu verstehen.

96. (Kr. 461.) Vom Ideal überhaupt.

Das, was hier Kant über die Ideale im Sittlichen
und in der Kunst sagt, wird in seiner Kritik der
praktischen Vernunft und Urtheilskraft weiter ausgeführt
und soll dort der Prüfung unterzogen werden. Hier ist
nur vorläufig zu bemerken, dass die Meinung, als sei im
Sittlichen und Schönen nur die Vernunft die Quelle der
Erkenntniss, sich als irrig darstellt, wenn gezeigt werden
kann, dass die Gefühle der Achtung, wozu die sittlichen und religiösen gehören, und die idealen, aus
dem Bilde eines seelenvollen Realen entspringenden Gefühle die Unterlage der in dem Sittlichen und Schönen
auftretenden Begriffe sind   Damit verwandelt sich die
Philosophie auch in diesen Gebieten zu einer Erfahrungswissenschaft, wie in der Aesthetik des Herausgebers
(Berlin 1868, bei Springer) dargelegt worden ist.

97. (Kr. 465.) Vom transcendentalen Ideal.

Die Unterschiede in der Bedeutung des Nichts sind
in Bd. I. (E. 33) entwickelt, und es erhellt daraus,
dass die hier gemachten Unterschiede nicht ausreichen.
Kant's transcendentale Verneinung ist die reine Aufhebung der Bejahung, also das Contradictorische,
ohne selbst etwas Positives zu bezeichnen, wie es im
Conträren geschieht. Es versteht sich, dass das Nicht
auch in ersterem Sinne Etwas haben muss, was es verneint. Die logische Verneinung, welche Kant der
transcendentalen entgegenstellt, ist indess dasselbe;
auch bei ihr wird ein Bejahendes (sterblich) verneint.

98. (Kr. 470.) Vom transscendentalen Ideal.

Dieser ganze Abschnitt bewegt sich in scholastischen Auffassungen, welche gegen das Frühere auffallend abstechen. Kant lässt sich hier zu Behauptungen verleiten, die seinem kritischen Prinzip widerstreiten und aus der alten Metaphysik abstammen, deren Hirngespinste er doch zerstören wollte.

Ein All der Realitäten ist nur ein Geschöpf des scholastischen, mit Beziehungen spielenden Denkens. Das Reale wird nur durch Wahrnehmung gegeben und ist damit ein Einzelnes, nach Grösse und Beschaffenheit Beschränktes. Nun findet das Denken in den vielen Einzelnen wohl Arten und Gattungen, welche als solche eine feste Verbindung bestimmter Realitäten darstellen; aber nirgends zeigt sich ein Etwas, was den Inbegriff aller Realitäten enthielte. Auch lehrt die Erfahrung, dass die einzelnen Realitäten sich unter einander nicht vertragen, sondern vielfach einander aufheben. Kant selbst hat früher ein Beispiel dazu in den entgegengesetzten Kräften gegeben; man sehe Bd. 33, S. 19 über negative Grössen. Es bleibt also durchaus unentschieden, ob eine Vereinigung aller Realitäten in einem Wesen auch nur möglich ist. Sodann kann ein solches Wesen, wenn es auch bestände, deshalb nicht als die Bedingung der Wesen eingeschränkter Art angesehen werden. Denn das Reale ist nur im gedachten Begriffe eins; im Sein ist es in vielen Arten an viele Einzelnen in Raum und Zeit vertheilt, und dadurch, dass alles Reale der Art nach, in einem Wesen vereint ist, wird das Reale den anderen Wesen nicht entzogen, und diese werden nicht von jenen abhängig Dazu würde vielmehr eine Erzeugung, eine Causalität gehören, welche von dem Inbegriff des Realen ausginge, welche aber in der blossen Realität desselben nicht gesetzt ist.

Es ist daher eine scholastische Spitzfindigkeit, wenn man die wahrgenommenen Dinge als Einschränkungen jenes Inbegriffs aller Realitäten und als bedingt von diesem fasst; vielmehr ist dieser Inbegriff, mag er seiend oder nur als Idee genommen werden, ein erst aus den Wahrnehmungen der einzelnen Dinge gebildetes und daraus abgeleitetes Wesen.

Endlich ist nicht der mindeste Drang im Denken
vorhanden, einen solchen Inbegriff aller Realitäten als
Urwesen zu setzen. Vielmehr beruht die Idee Gottes
auf dem Glauben der Völker, und ist nicht aus der
Erkenntniss der Dinge hervorgegangen, und die
Ursachen dieses Glaubens waren vielmehr Unwissenheit,
Vorurtheile und Gefühle der Achtung und Ehrfurcht,
aber nicht Erkenntnisse.

Diese Ausführungen Kant's sind deshalb nur aus
seinem religiösen Gemüth zu erklären, dem es ein
Bedürfniss sein mochte, wenigstens die Idee Gottes
auch in der Philosophie zu finden.

99. (Kr. 475.) Die Beweise vom Dasein Gottes.

Auch in diesem Abschnitt setzt sich die in No. 98
gerügte scholastische Behandlung des Gottesbegriffes
fort. Es ist ein Spiel mit Beziehungen, dessen Tau-
tologie oft zu Tage tritt; insbesondere bleibt der Begriff
des Schlechthin-Nothwendigen schwankend. Bald
wird es als das Unbedingte, bald als die erste
Ursache, bald als die Causa sui genommen, und so ist
der Leser kaum im Stande, dem Gedankengange zu
folgen. Ueberall tritt die Aengstlichkeit Kant's hervor,
der durch seine nun folgenden Angriffe gegen die
Beweise für das Dasein Gottes nicht den Schein auf
sich laden mag, als wolle er dieses Dasein selbst in
Zweifel ziehen. Man vergleiche auch die Recension
Kant's in Bd. 37, S. 69, und die Erläuterungen dazu
in Bd. 59, Abth. II, S. 10.

100. (Kr. 483.) Der ontologische Beweis.

Diese Widerlegung des ontologischen Beweises vom
Dasein Gottes ist weltberühmt geworden. Dennoch hat
sie nicht gehindert, dass Hegel auf diesen Beweis
zurückgegangen ist und für die Identität von Sein und
Wissen gerade den Gottesbegriff benutzt hat. Bleibt man
bei Kant's Ausführung stehen, so zeigt sie neben vielem
Klaren auch viel Sonderbares. Dazu gehört auch der
Satz: dass Sein kein reales Prädicat der Dinge sein
soll, und dass das Wirkliche nicht mehr enthalten
soll als das blos Mögliche, was den früheren Definitionen
(Kr. 251) widerspricht. Indess liegt das Bedenkliche

dieser Sätze mehr in der Ausdrucksweise. An sich kann das Sein unzweifelhaft auch als Prädicat der Dinge im Denken auftreten. So wird durch die Nachricht von dem Tode meines abwesenden Sohnes meiner Vorstellung desselben nichts genommen als das Sein des Sohnes; ergiebt sich später die Nachricht als falsch, so tritt meiner Vorstellung des Sohnes in dem Sein desselben gewiss eine für mich sehr reale Bestimmung hinzu. Indem so im Denken das Sein einem Inhalt hinzugefügt oder davon getrennt werden kann, gehört das Sein offenbar zu den Prädicaten, durch welche ein Vorgestelltes vermehrt werden kann. Das Sein, welches die Wahrnehmung bietet, kann also, wie die Eigenschaften des Dinges, wie seine Farbe, seine Gestalt u. s. w. im blossen Vorstellen als Prädicat behandelt und wie bestimmte Farben und Gestalten dem Vorgestellten hinzugefügt werden; auch muss sicherlich unter allen Prädicaten das Sein als das vorzugsweise reale gelten.

Hieraus erhellt, dass der Beweis Kant's nicht gut gefasst ist. Einfacher gestaltet er sich nach den Fundamentalsätzen (E. 68), nach welchen nicht das Denken und blosse Vorstellen, sondern nur das Wahrnehmen zu dem Seienden führt. Im Denken, im blossen Vorstellen kann aller wahrgenommene Inhalt und auch das in der Wahrnehmung enthaltene Sein bildlich wiederholt und willkürlich mit anderem verbunden werden; aber solchem blos vorgestellten Inhalt fehlt die Gewähr für sein wirkliches Sein.

Hieraus erhellt, dass die Widerlegung des ontologischen Beweises sich auf die Fundamentalsätze (E. 68) stützen muss und ohne diese unmöglich ist. Sie gilt deshalb auch nur für den, der diese Fundamentalsätze anerkennt. Kant übersah dies und meinte eine für Jedermann gültige Widerlegung gegeben zu haben. Man sehe auch die Erläuterungen Bd. 59, Abthl. II, S. 38 u. f.

Die Schwerfälligkeit in Kant's Begründungen hier kommt davon, dass er selbst den ersten Fundamentalsatz nicht anerkennt, auf den doch die Widerlegung nur gestützt werden kann; deshalb muss er zwischen Erscheinung und Ding-an-sich unterscheiden, und deshalb geräth er in solche unklare Ausdrücke, wie den, wo das

Sein als „das Verhältniss des Inhaltes zu dem ganzen Zustande des Denkens" bezeichnet wird.

Uebrigens hat Kant diejenige Begründung des ontologischen Beweises hier nicht berührt, die Anselm von Canterbury giebt, welcher aus dem Prädicat der Vollkommenheit Gottes sein Dasein ableitet, weil die blosse Vorstellung weniger vollkommen sei als das wirkliche Dasein. Kant hätte deshalb noch darlegen müssen, dass das blos vorgestellte und das wirkliche Sein nicht dem Grade oder der Vollkommenheit nach sich unterscheiden, sondern dass diese Formen des Wissens und Seins unvergleichbar sind (E. 66).

101. (Kr. 491.) Der kosmologische Beweis.

Kant's Widerlegung des kosmologischen Beweises ist schwerer zu verstehen als die des ontologischen; die Unverständlichkeit entspringt hier aus dem Unbedingt-Nothwendigen. Man sucht vergeblich, darunter ein Gegenständliches vorzustellen. Da das Nothwendige nur eine Wissensart (E. 62), aber keine seiende, den Dingen innewohnende Bestimmung ist, so bleibt solches Bemühen vergeblich. Kein Ding ist als seiendes nothwendig: es wird es erst, wenn es als durch ein Gesetz bestimmt oder durch eine Ursache bewirkt vorgestellt wird; d. h. erst der logische Schluss oder die Causalitätsbeziehung macht es zu einem nothwendigen. Diese Nothwendigkeit ist aber dann nur im Wissen hinzugekommen; das seiende Ding hat sich dabei nicht im Mindesten geändert (E. 62). Deshalb ist alles Reden von einem schlechthin nothwendigen Wesen zweideutig; wird solche Nothwendigkeit als eine seiende Bestimmung Gottes behauptet, so ist sie schon damit widerlegt, dass sie nur im Wissen und nicht im Sein zu finden ist. Dieser Satz kann nicht oft genug wiederholt werden, weil das gewöhnliche Vorstellen stets bereit ist, ihn zu vergessen und dadurch in Schwierigkeiten sich zu verwickeln.

Kant sagt, dieser Beweis sei nur eine Wiederholung des ontologischen; allein dort wurde von dem Vorstellen auf das wirkliche Sein geschlossen; hier wird von der Wirkung auf die Ursache geschlossen; das Dasein ist dabei in der Wirkung (Welt) schon vorausgesetzt. Der Fehler des kosmologischen Beweises

liegt lediglich darin, dass die Allgemeingültigkeit der
Causalität dabei als Prämisse benutzt wird, ohne dass
dieselbe vorher bewiesen ist. Schon innerhalb der Welt
ruht diese Allgemeinheit der Causalität nur auf der
Induction und bleibt deshalb schon da nur eine Wahrscheinlichkeit.

Uebrigens führt der kosmologische Beweis nur zum
Dasein einer Weltursache: welche Beschaffenheit
diese habe, kann daraus nicht abgeleitet werden: obwohl
man Kant zugeben mag, dass zur Bestimmung dieser
Beschaffenheit das *Ens realissimum* herbeigenommen
werden muss, dessen Bedenklichkeit Kant genügend
darlegt.

102. (Kr. 495.) Der dialektische Schein in den Beweisen.

Die Vorstellung Gottes geht durch ihre Umwandlung
in ein blosses regulatives Prinzip unseres Denkens völlig
zu Grunde Dies hat sich Kant selbst nicht verhehlt;
auch ist der angebliche Nutzen eines solchen regulativen
Prinzips bereits oben abgewiesen worden.

Das Bedürfniss, Gott ausserhalb der Welt zu setzen,
d. h. Gott nicht mit der Welt zu identificiren, liegt in der
vermeinten Abhängigkeit oder Zufälligkeit aller Dinge
dieser Welt. Die letzte Ursache, das nothwendige
Wesen, kann deshalb nicht in der Welt sein. Diese
Auffassung ist für das gewöhnliche Vorstellen die
natürlichste.

Der Pantheismus setzt Gott in die Welt, immanent,
nicht transscendent. Man hat diese Immanenz als einen
grossen Gedanken und als das Höchste der Erkenntniss
gepriesen; allein wenn man Gott und Welt dabei nicht in
das Identische oder in das Einerlei verschwimmen lassen
will, so muss auch ein Unterschied beider festgehalten
werden, und wenn man diesen Unterschied aus der
Causalität entlehnt, so dass Gott die Ursache, die
Welt die Wirkung ist, so ist es sehr gleichgültig, ob
diese Ursache immanent oder transscendent gefasst wird;
sie bleibt dann immer ein Anderes, als ihre Wirkung.
Dasselbe gilt für den Unterschied beider, den Spinoza
aus der Substantialität entlehnt, wonach Gott die
Substanz und die endlichen Dinge ihre Modi sind.
Diese Auffassung wird für das Seiende nur verständlich,

wenn man Gott, wie Spinoza und Hegel thun,
zugleich zu dem Wesen der Dinge oder der Welt
macht, worunter Hegel das Begriffliche der Arten
und Gattungen versteht, welche damit für ihn zu
objectiven Gedanken werden.

Dies zeigt, wie mannigfach die Systeme sich
gestalten, wenn man einmal die Fundamentalsätze
(E. 68) verlässt und das Sein durch das Denken allein
zu erreichen unternimmt. Die Philosophie wird dann
zu einer Poesie, welche mit den Begriffen so spielt,
wie der Dichter mit den bildlichen Vorstellungen.

103. (Kr. 502.) Der physiko-theologische Beweis.

Wenn der kosmologische Beweis blos zu einer
Ursache der Welt führt, so führt der physiko-theo-
logische blos zu einer höchsten Intelligenz und
Weisheit, mit der diese Ursache gewirkt hat. Reicht der
Zufall zur Erklärung des Zweckmässigen in der Welt
nicht aus, so gilt dieser Schluss. Auch ist Kant's
Unterscheidung vom Weltbaumeister und Welt-
urheber nicht erheblich, weil hier der Inhalt von der
Form sich nicht trennen lässt. Der kosmologische
Beweis ist für das religiöse Gemüth nicht so entsprechend
wie der physiko-theologische; erst dieser führt zur
Weisheit, zur Geistigkeit Gottes. Dieser Beweis lässt
daher den Begriff Gottes nicht so unbestimmt, und er
nöthigt nicht, auf den Begriff des allerrealsten
Wesens zurückzugehen, wie Kant meint.

Kant's Widerlegung desselben, welche sich auf diese
Identität mit dem ontologischen stützt, ist deshalb nicht
genügend. Diese Widerlegung liegt vielmehr darin, dass
die von dem Menschen in der Welt gefundene Zweckmässigkeit nicht nothwendig auf einen solchen allweisen
Schöpfer führt. Einmal besteht neben dem Zweckmässigen auch viel Unzweckmässiges, was nur das
gläubige Gemüth sich verhehlt. Sodann ist diese Zweckmässigkeit vom menschlichen Standpunkt aus gar nicht
zu übersehen: nur ein Wissen, was die ganze Welt
umfasst, könnte entscheiden, ob jedes Einzelne zweck-
mässig ist oder nicht, und selbst dann bliebe das Mittel
schwankend, weil Zweck nur eine Beziehung ausdrückt,
mithin sein Inhalt nicht durch das Seiende bestimmt ist.

Einzelne Organismen auf der Erde zeigen allerdings einen Bau und eine Einrichtung; welche früher Niemand aus dem Zufall abzuleiten wagte. Allein durch den gegenseitigen Kampf der Organismen um das Dasein, welcher Begriff neuerlich in die Naturwissenschaft eingeführt und hauptsächlich von Darwin entwickelt worden ist, wird dieses Bedenken beseitigt und erklärt, wie dadurch dasjenige sich am meisten erhält, was seinen Gegnern am besten widerstehen kann. Dies ist aber das Zweckmässige im Sinne dieses Beweises.

104. (Kr. 510.) Kritik aller speculativen Theologie.

In diesem Abschnitt erkennt Kant zum grossen Theile selbst das an, was in den vorgehenden Erläuterungen dargelegt worden ist. Das Schlussergebniss ist, dass das Dasein Gottes theoretisch unerkennbar und nicht beweisbar ist. Aber nunmehr nimmt Kant die Wendung, dass der Gottesbegriff doch von der theoretischen Philosophie berichtigt und von Falschem gereinigt werden könne, wenn sein Dasein aus einer anderen Quelle zuvor erwiesen worden sei.

Dies ist ein Irrthum. Hat die Moral Mittel, das Dasein Gottes zu begründen, so müssen diese Mittel auch zu einer näheren Bestimmung dieses Inhaltes führen, und die sogenannte theoretische Philosophie hat dann kein Recht, sich mit einzumengen.

Diese Meinung ist aber vor Allem deshalb falsch, weil in dem Begriff der theoretischen Philosophie liegt, dass neben ihr nicht noch andere Quellen der Erkenntniss bestehen können. Gäbe es solche neben dem Wahrnehmen und Denken, so müsste die theoretische Philosophie sie mit in sich aufnehmen und benutzen. Allein solche bestehen nicht; insbesondere sind die Grundsätze der Moral, die sich sämmtlich auf die Gefühle der Achtung stützen, dazu völlig ungeeignet, wie später dargelegt werden wird. Solche Gefühle führen wohl zu Wünschen und Hoffnungen, aber nie zur Erkenntniss des Seienden. Dergleichen Mittel gehören deshalb nicht in die Philosophie, sondern bleiben der Religion überlassen, welche damit zwar die Gewissheit (den Glauben), aber nicht die Wahrheit (das Seiende) erreichen kann.

105. (Kr. 529.) Anhang zur transscendentalen Dialektik.

Kant entwickelt in diesem Abschnitt den Begriff des Systems oder des Systematischen der Erkenntniss; er gründet denselben auf die drei Prinzipien der Homogenität, Specification und Continuität. Da diese Begriffe nicht zu den Elementen gehören, so hätten sie nicht hier, sondern in dem zweiten Theile, in der Methodenlehre behandelt werden sollen.

In Bd. 1 (E. 83) ist gezeigt worden, dass das Systematische keine seiende Bestimmung bezeichnet, sondern nur ein denkendes Beziehen des Mehreren in dem betreffenden Gebiete, was nach den Interessen und der Verstandesbildung des beziehenden Menschen zu der verschiedensten Ordnung und Folge des Inhaltes führen kann, ohne dabei mit diesem und dem Gegenstande in Widerspruch zu gerathen.

Kant schwankt aber, ob er das System als den Objecten oder nur dem Vorstellen angehörig nehmen soll. Er leitet das System aus den Ideen der Vernunft ab und erkennt an, dass diese keinen Gegenstand der Erfahrung darstellen; dennoch räumt er diesen Ideen auch eine „indirecte Gültigkeit" für den Verstand und somit „eine objective Realität" ein, was er aber dann gleich wieder in ein „so viel als mögliches Bestimmen des Verstandes" umwandelt.

Während Kant so in Bezug auf die Ordnung des wissenschaftlichen Inhaltes schwankt und die Ordnung gern für objectiv nehmen möchte, ist er in Bezug auf den Inhalt der Erkenntniss wieder zu wenig objectiv. Er leitet das Allgemeine und die Besonderung des wissenschaftlichen Inhaltes lediglich aus regulativen Prinzipien der Vernunft ab, welche mit den objectiven selbst nichts zu thun haben sollen. Es ist deshalb nach Kant ein blosses Belieben der Einzelnen, ob sie die Richtung nach dem Allgemeinen oder nach dem Besonderen verfolgen wollen; und gäbe es z. B. bei den Naturforschern nur die Richtung auf das Allgemeine, so würde nach Kant die Besonderung in Arten und Unterarten in ihrer Wissenschaft ganz ausbleiben.

Diese Auffassung ist irrig ·und nur die Folge von Kant's Spaltung des Denkens in Verstand und Vernunft. ·Nach Bd. 1. (*E. 68*) hat die Seele nur zwei Mittel zur Wahrheit, das Wahrnehmen und das Denken; jenes führt zu dem Seienden und nimmt dessen Inhalt in das Wissen auf: dieses reinigt diesen Inhalt von dem Falschen, trennt aus demselben das Allgemeine und erreicht damit die Begriffe und Gesetze, welche letztere bestimmte Begriffe in ihren Gliedern ausnahmslos verbinden. Somit ist es kein Belieben der Vernunft, sondern die Natur des menschlichen Erkennens macht es nothwendig, dass überall mit dem Wissen des Einzelnen (Wahrnehmen) begonnen werde und dass erst später das begriffliche Trennen und Verbinden dieser Einzelnen so lange nach allen Richtungen versucht werde, bis die Gesetze, welche im Sein die Einzelnen verbinden und regieren, gefunden sind.

Es trifft daher die Nachforschung zunächst auf das dem Einzelnen näher stehende Besondere, und nur allmälig und später werden daraus die höchsten und allgemeinsten Begriffe und Gesetze herausgehoben und in voller Bestimmtheit dargelegt.

Dieser Weg des Erkennens ist also keine Sache des Beliebens und der Neigung, sondern durch die Natur der Fundamentalsätze geboten.

Dagegen ist die dritte Idee Kant's, die Continuität, nur eine Hypothese, die Kant von Leibniz übernommen hat, aber die mit der Natur des menschlichen Erkennens keinen Zusammenhang hat und eben so wenig aus der Natur des Seienden folgt. Deshalb ,ist diese Continuität in den verschiedenen Gebieten nur annähernd und in verschiedenen Graden vorhanden. Bestände diese Continuität wirklich und in voller Bedeutung, so wären alle Gesetze, d. h. alle Wissenschaften unmöglich, weil ihre Glieder, das Allgemeine oder die Arten dann in einander flössen, mithin nicht · von einander unterschieden werden könnten.

106. (Kr. 551.) Von der Endabsicht der natürlichen Dialektik.

Dieser letzte Abschnitt der Ideenlehre Kant's bewegt sich in Concessionen an den religiösen Glauben

und in Subtilitäten, welche gegen die Schärfe des
Denkens in den früheren Abschnitten sehr zurückstehen
und nur aus Kant's religiösem Gefühl sich erklären. Nach
der strengen Consequenz von Kant's Prinzipien haben
die Ideen der Unsterblichkeit, der Freiheit und Gottes
keine Gegenständlichkeit; ja sie bringen es nicht einmal,
wie die Erfahrungsgegenstände, bis zur Erscheinung.

Diese Consequenz verletzte indess den religiösen
Glauben Kant's: deshalb suchte er nach allen möglichen
Milderungen und daraus sind die Ausführungen in diesem
Abschnitt hervorgegangen, welche, trotz aller Proteste
Kant's, der Wahrheit grosse Gefahr drohen.

Es ist klar, dass, wenn diese Ideen nicht als
Erkenntnisse des Seienden gelten können, schon die
blosse Maxime, sie als solche bei der Erforschung der
Wahrheit vorauszusetzen und sie als regulative Prinzipien
der wissenschaftlichen Untersuchungen anzuerkennen,
die Unbefangenheit der Beobachtung und Untersuchung
gefährden und die Wissenschaft in falsche Bahnen
leiten muss.

Die Annahme solcher idealen Wesen soll nach Kant
zwar nicht die Erkenntniss der Objecte, aber doch deren
empirische Einheit durch die systematische Einheit
der Vernunft erweitern. Jene Wesen sollen nach Kant
nur in der Idee, nicht an sich selbst zu Grunde
gelegt werden. Dies sind Subtilitäten, welche nur irre
führen müssen. Es giebt kein zwiefaches Sein, eins
in der Idee und eins an sich. Ebenso ist die Einheit
entweder in dem Gegenstande oder im Denken; ist
nun die systematische Einheit nur im Denken, wie Kant
anerkennt, so kann sie nie zur Erkenntniss des Seienden
dienen.

Ebenso subtil ist es, wenn Kant die Annahme des
Gegenstandes der Ideen relativ auf die Sinnenwelt
gestattet, aber nicht an sich. Hier versucht Kant
bei der Idee eben so, wie bei den Kategorien eine
Erscheinung und ein Ding-an-sich einzuführen, obgleich
nach seinen früheren Ausführungen dies bei Ideen nicht
zulässig ist, da die Erfahrung für sie kein Mannigfaltiges liefert.

Wie gefährlich die Zugrundelegung der Zweck-
mässigkeitstheorie für die Wahrheit werden kann, hat die

moderne Naturwissenschaft gezeigt, welche ihre Fort-
schritte nur der gänzlichen Beseitigung des Zweckbegriffs
aus der Natur verdankt. Nur dadurch wurden die
Auffassungen Darwin's und seiner Nachfolger möglich;
nur dadurch hat die Lebenskraft im Organischen
beseitigt werden können: nur dadurch hat die organische
Chemie zu Entdeckungen geführt, die der Physiologie
und Medizin zum Heile der Menschheit eine andere
Gestalt gegeben haben. Dies Alles wäre nicht geschehen,
wenn man nach dem Rathe Kant's bei der teleologischen
Auffassung und Ableitung der Natur aus einer höchsten
Intelligenz stehen geblieben wäre.

Kant warnt gegen die faule und gegen die
verkehrte Vernunft: allein schon der Begriff
eines allweisen Schöpfers und einer Zweckmässigkeit
in der Natur ist für die Wissenschaft ein Stück fauler
Vernunft.

Es ist irrig, wenn Kant sagt: „Die Idee der voll-
ständigen zweckmässigen Einheit oder der Vollkommenheit" sei mit dem Wesen unserer Vernunft unzertrennlich
verbunden. Die Vollkommenheit ist nur eine Beziehungsform des Denkens, aus der Ursächlichkeit abgeleitet, und es ist die erste Aufgabe des Erkennens,
diese Beziehungen nicht mit dem Seienden zu verwechseln. Man sehe auch Bd. 9, S. 276 u. f. mit den
dazu gehörenden Erläuterungen in Bd. 10, Erl. 75.

Am stärksten werden gegen den Schluss dieses
Abschnittes die Zumuthungen an den Leser rücksichtlich
der Antworten, welche Kant auf einzelne Fragen giebt.
Durch diese Antworten wird das von Kant mit so
vieler Mühe aufgebaute System im Interesse des Glaubens
wieder wankend gemacht. Selbst die Analogie und
der Anthropomorphismus in subtiler Weise werden für
erlaubt erklärt.

So macht der Schluss des Haupttheils dieses
grossen Werkes einen niederschlagenden Eindruck
und zeigt, wie schwer es selbst dem grossen
Denker wird, sich über die religiösen und sittlichen Lehren zu erheben, welche ihm durch die
Autoritäten der Erziehung und des Lebens von der
Kindheit an als die Wahrheit und als das Heiligste
zugeführt worden sind.

107. (Kr. 576.) Die Vernunft im dogmatischen Gebrauche.

In diesem Abschnitt behandelt **Kant** die wichtige Frage, ob ein Unterschied zwischen dem Erkennen in der Mathematik und in der Philosophie bestehe. **Kant** bejaht die Frage. Da der Streit hierüber noch gegenwärtig besteht, insbesondere auch von **Hegel** ein solcher Unterschied, wenn auch in anderer Art, festgehalten worden ist, so hat die Untersuchung **Kant's** noch gegenwärtig Interesse.

In Bd. I. *(E. 82)* ist dargelegt worden, dass kein Unterschied dieser Art bestehe, dass vielmehr für Philosophie wie für Mathematik die beiden Fundamentalsätze in gleicher Weise als Quelle der Wahrheit dienen, und dass der Unterschied in den Ergebnissen nicht aus dem Unterschied der Mittel und Wege, sondern der Gegenstände hervorgehe.

Um hier das Richtige zu treffen, muss vor Allem daran festgehalten werden, dass die Begriffe nicht über den Gegenständen schweben oder nur im Denken sind, sondern dass sie durch das begriffliche Trennen der Seele aus dem Inhalte des Wahrgenommenen ausgetrennt werden; dass sie deshalb ebenso wie die Wahrnehmung ein Seiendes unmittelbar bezeichnen, und sich von dieser nur dadurch unterscheiden, dass sie nicht den ganzen Gegenstand, sondern nur ein Stück davon wiederspiegeln *(E. 18)*. Dies gilt für die Begriffe in allen Gebieten, mithin für die Begriffe der Gestalten und Grössen ebenso, wie für die Begriffe der Farben, Töne, Gefühle, Begehrungen, Affecte u. s. w.

Die Mathematik hat es, wie die Philosophie und jede andere Wissenschaft, nur mit den Gesetzen zu thun, welche innerhalb ihres Gebietes bestehen, und diese Gesetze sind hier, wie allerwärts, nicht an Einzeln-Seiendes, sondern an das Begrifflich-Seiende in den einzelnen Dingen geknüft *(E. 23)*.

Die Geometrie muss deshalb diese begrifflichen Stücke in den einzelnen Gestalten ebenso aufsuchen, wie jede andere Wissenschaft, und nur für die Frage der Allgemeinheit ihrer zunächst durch Induction gefundenen

Gesetzes ist sie gegen die anderen Wissenschaften im Vortheil (*E. 79*).

Kant behauptet (*Kr. 560*), dass die Mathematik alle ihre Begriffe construiren könne und findet darin das Eigenthümliche ihrer Erkenntniss. Er sagt: „einen Begriff construiren heisst, die ihn correspondirende Anschauung a priori darstellen". Das a priori kann hier zunächst bei Seite gelassen werden. Kant giebt zu, dass diese „correspondirende Anschauung" ein einzelnes Object ist, „aber nichts desto weniger Allgemeingültigkeit für alle Einzelnen, die unter den Begriff gehören, ausdrücken muss". Allein nicht auf das Müssen kann es hier ankommen, sondern auf die wirkliche Leistung. Nun ist nicht abzusehen, wie ein auf die Tafel gezeichnetes Dreieck die Allgemeinheit des Begriffes „Dreieck" mehr ausdrückt, wie das Schwarz der Tafel den Begriff der Farbe und ihre Schwere den Begriff der Kraft. Alle drei Bestimmungen sind nur ein Beispiel, ein Einzelnes, und alle drei behalten das begriffliche Stück in gleicher Weise in sich; aber aus allen dreien kann es nur durch begriffliches Trennen ausgesondert werden.

Kant will den Unterschied darin finden (*Kr. 561*), dass bei der empirischen Anschauung (eines Dreiecks) nur auf die Handlung der Construction des Begriffs gesehen und von den Unterschieden in der Grösse der Seiten und Winkel abstrahirt werde. Allein die Handlung kann hier keinen Unterschied machen. Das Zeichnen eines Dreiecks (die Construction) ist als Handlung ebenso nur ein dieses bestimmte Dreieck herbeiführendes Einzelne, wie es dieses bestimmte Dreieck ist, wenn es, abgesehen von seiner Zeichnung, gleich als ein fertiges angeschaut wird. Kant selbst sagt: dass man bei der Handlung von den Unterschieden des Einzelnen (den bildlichen Resten *E. 16*) abstrahiren müsse, dass man nur auf das Begriffliche dabei sehen müsse, also ist die Handlung oder das Zeichnen nicht mehr, wie das fertige Dreieck, das Bild des Begriffes; der Begriff ist zwar in beiden in gleicher Weise enthalten; aber aus beiden muss er erst durch begriffliches Trennen, und nur dadurch gewonnen werden.

Dieser Unterschied ist also nichtig, und damit fällt Kant's ganze Ausführung.

Kant ist zu dieser falschen Auffassung verleitet worden, weil der Mensch im blossen Vorstellen im Stande ist, zu einem gegebenen geometrischen Begriffe eine anschauliche oder bildliche Vorstellung, d. h. die Vorstellung eines Einzelnen, sich zu bilden. Kant meint deshalb, dass solche innerlich gebildete Gestalten, die als solche vielleicht noch nie wahrgenommen sind, als Anschauungen a priori gelten müssten, und da bei solchem innerlichen Erzeugen nur der gegebene Begriff das Bestimmende sei, so meinte Kant, dass auch die erzeugte bildliche Vorstellung nichts als den Begriff darstelle.

Allein Kant übersah, dass dieses Construiren im Kopfe nur ein verbindendes Denken (E. 24) ist. Dieses kann in seinen Verbindungen der Elemente (Linien, Winkel) über das früher Wahrgenommene hinausgehen, aber auch nur in dem Verbinden, nicht in den Elementen selbst. Solche Gebilde sind deshalb so wenig Vorstellungen a priori wie die Gebilde der Dichter. Ferner muss das verbindende Denken, wenn es aus Begriffen ein Anschauliches und Einzelnes darstellen soll, diesen Begriffen die bildlichen Reste (E. 16) hinzufügen, was nur aus dem Gedächtniss, als dem Vorrath der Wahrgenommenen oder durch den Zufall der Construction geschehen kann. So muss das Denken Linien und Winkel von bestimmter Grösse sich bilden, und erst mit diesen gewinnt es durch deren Verbindung die anschauliche Vorstellung eines einzelnen Dreiecks.

Ganz dasselbe kann in anderen Gebieten geschehen. Der Maler kann zu dem Begriffe des Incarnats (Fleischfarbe) sich eine anschauliche Vorstellung innerhalb seiner Phantasie bilden, wie der Geometer beim Dreieck; der Musiker kann zum Begriffe des Septimenaccordes sich in seiner Phantasie eine anschauliche (hörbare) Vorstellung durch Auswahl der bestimmten Claviertöne c, e, g und b bilden, und eben dies kann in allen anderen Gebieten geschehen. Der Psychologe kann sich zu dem Begriffe der Leidenschaft das anschauliche Bild eines Zornigen oder eines Trunkenboldes bilden. Dies Alles kann innerhalb des blossen Vorstellens mit Hülfe des Gedächtnisses durch verbindendes Denken geschehen, und es ist deshalb kein Grund vorhanden, nur die

Anschauungen der Geometer als Anschauungen a priori
zu behandeln.

Nun hat Kant ganz Recht, dass aus dem Begriffe
eines Gegenstandes nur analytische, nicht aber synthetische Urtheile abgeleitet werden können. Letzteres
geschieht aber in der Geometrie, und worauf beruht
dies? In dem Begriffe z. B. eines Centriwinkels und
eines Peripheriewinkels, die auf einem gleichen Bogen
stehen, ist über ihr Grössenverhältniss nichts enthalten.
Wie gewinnt nun der Geometer diese Bestimmung?
Er verzeichnet in seinem Kopfe oder auf der Tafel einen
einzelnen beliebigen solchen Fall; z. B.

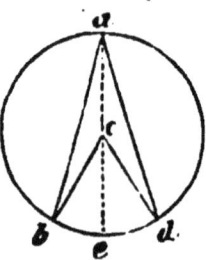

Hier ist Winkel b a d der Peripheriewinkel, b c d der
Centriwinkel. An sich hilft ihm diese Anschauung nicht
weiter. Allein wenn er sich die Punkte a und c durch
eine Linie verbunden vorstellt, so zeigt sich, dass zwei
gleichschenklige Dreiecke entstehen, in denen die Winkel
b a c = a b c und c a d = a d c sind. Verlängert er die
Linie a c nach e, so zerfällt der Winkel c in zwei Winkel,
von denen jeder den Aussenwinkel zu jenen gleichschenkligen Dreiecken darstellt, mithin so gross ist,
wie die beiden gegenüberliegenden inneren Winkel.
Da diese nun gleich sind, so ist auch der ganze Centriwinkel doppelt so gross, als sein Peripheriewinkel.

Der Auffindung des neuen Lehrsatzes beruht also auf
der Erkenntniss, dass die Gestalten des Centri- und
Peripheriewinkels als die Besonderung eines gleichschenkligen Dreiecks mit seinem Aussenwinkel aufgefasst
werden können; was mithin von diesem gilt, muss
auch von jenem gelten.

Der Beweis des neuen Lehrsatzes ist genau wie in
allen anderen Wissenschaften auf den logischen Schluss

gebaut. So lautet im obigen Beispiel der Obersatz: Im gleichschenkligen Dreieck ist der Aussenwinkel noch einmal so gross wie der gegenüberliegende innere. Der Untersatz lautet: der Centriwinkel ist die Summe zweier solcher Aussenwinkel und der Peripheriewinkel die Summe zweier solcher inneren Winkel, deren jeder seinem anderen Winkel gleich ist; die Conclusion lautet: also ist der Centriwinkel doppelt so gross als sein Peripheriewinkel.

In dieser Weise werden alle geometrischen Beweise geführt; sie bewegen sich also nur in logischen Conclusionen, und ihre Erkenntniss ist deshalb keine der Geometrie eigenthümliche.

Das Wesentliche bei der Fortbildung der Wissenschaft ist die Einsicht, dass eine besondere Gestaltung (Centriwinkel mit Peripheriewinkel) nur eine Gestaltung allgemeinerer Art (Aussenwinkel eines Dreiecks) wiederholt und in sich enthält, oder nach Kant's Ausdrucksweise, in der Subsumtion des Besonderen unter das Allgemeine.

So wie diese Erkenntniss gewonnen ist, ist es selbstverständlich, dass ein für die allgemeinere Gestaltung geltender Lehrsatz auch für die neue Gestaltung gelten muss, und dass der neue Lehrsatz nur die Wiederholung des alten, für einen besonderen Fall darstellt. Die Geometrie hat daher in diesen Schlussfolgerungen ihrer Beweise durchaus nichts Eigenthümliches.

Das Besondere, was ihr zu Statten kommt, liegt nicht in den Mitteln und Gesetzen des Erkennens, sondern in der Natur ihrer Gegenstände. Diese sind wesentlich die räumliche Gestalt und nicht die Grösse, wie Kant meint: die Gestalt gehört schon zu den Qualitäten der Dinge.

Der erste Vortheil ist, dass die Geometrie die Subsumtion des ersten Gliedes des neuen Lehrsatzes *(terminus medius)* unter das erste Glied des alten Lehrsatzes so anschaulich machen kann wie keine andere Wissenschaft, und dass sie dadurch mehr wie jede andere vor falschen Subsumtionen geschützt ist. Das Mittel dazu liegt in den Hülfsconstructionen, welche lediglich dazu dienen, diese Subsumtion anschaulich zu machen. Es ist deshalb ganz verkehrt, wenn Hegel sie als die Zerstörung der Gestalt behandelt, und wenn Schopenhauer ebenfalls

sie angreift. Sie zeigen, wie die neue Gestalt unmittelbar die alte in sich enthält. Die übrigen Wissenschaften
können wohl auch ihre Begriffe in Einzelnem anschaulich
machen; allein die Subsumtion kann bei ihnen nie durch
räumliches Einschieben des Einen in das Andere so
anschaulich, überzeugend und sicher dargestellt werden
wie in der Geometrie.

Der zweite Vortheil ist, dass die Geometrie die
wirkliche Allgemeinheit ihrer Lehrsätze auf Beobachtung stützen kann. während die übrigen Wissenschaften
nur die Wahrscheinlichkeit durch die Induction erreichen
können. Dieser wichtige Punkt ist in Bd. I ausführlich
behandelt, und wird hier darauf Bezug genommen (E. 79).

Da in der Geometrie die Lehrsätze durch streng
logische Schlüsse abgeleitet werden, so muss sie behufs
der Grundlage für diese Beweise mit Axiomen beginnen. welche ihre Wahrheit nicht mehr auf vorgehende Sätze stützen. Kant definirt die Axiome deshalb als Grundsätze, die unmittelbar gewiss sind;
allein dies ist eine blosse Versicherung, die doch der
Begründung bedarf. Da diese Gewissheit nicht durch
Conclusionen vermittelt ist, so erfordert deren Gewissheit, so weit die Axiome nicht tautologisch sind, eine
ähnliche Prüfung auf ihre Allgemeinheit, wie sie eben
erwähnt worden ist.

Alle diese Axiome, z. B. dass zwischen zwei Punkten
nur eine gerade Linie möglich sei, dass drei Punkte
stets in eine Ebene fallen, enthalten synthetische
Sätze. Kant meint nun, dass diese Synthesis sich nicht
auf die Begriffe. sondern auf die Construction derselben
im Raume a priori stütze, weil aus Begriffen nur analytische Urtheile abzuleiten seien. Allein nach der hier
vertheidigten Auffassung ist diese Erklärung nicht
richtig. Die Begriffe sind selbst ein Stück aus der
sinnlichen Anschauung, und die einzelne Gestalt ist
nur ein Beispiel des Begriffes, welchen sie in sich
enthält. Es wird deshalb dem Begrifflichen durch
das Anschauliche desselben in der Construction nichts
hinzugefügt; in den Einzelnen besteht zwar noch
Anderes (die bildlichen Reste); aber das gehört nicht
zu dem Begriff und ist nicht in allen Einzelnen des
Begriffs das Gleiche Es kann deshalb auch nicht zu

dem Beweise des Lehrsatzes, der es nur mit dem Begrifflichen zu thun hat, benutzt werden.

Deshalb kann die Construction nicht weiter helfen
als der Begriff, wie Kant meint, vielmehr löst sich
diese Schwierigkeit nur dadurch, dass in dem begrifflichen Stück mehr enthalten ist, als in die Definition
desselben aufgenommen ist. Wenn deshalb von dem
Begriffe zu einem Seienden im Gegenstande über-
gegangen wird, so findet sich, dass dieses Mehr den
Anhalt für den neuen synthetischen Satz gewährt. So
kann der Begriff des Dreiecks sehr verschieden definirt
werden, z. B. als eine Gestalt von drei geraden Linien,
oder von drei Winkeln, oder als eine Gestalt, deren
Winkel zwei rechten gleich sind: jede dieser Definitionen
ist richtig, da sie ein ausschliesslich dem Dreieck zu-
kommendes Merkmal enthält; allein wenn man nun diese
Definition sich an einem einzelnen Dreieck anschaulich
macht, so findet sich, dass in dem begrifflichen, ihr
entsprechenden Stück mehr enthalten ist, als die Definition besagt, und dieses Mehr wird somit zur Stütze
für neue synthetische Sätze. In ähnlicher Weise gewinnen auch die übrigen Wissenschaften ihren Fortschritt zu neuen Gesetzen. So kann man in der Physiologie vom Blut eine Definition geben, die richtig ist,
als solche aber zu keinem neuen synthetischen Urtheile
führt. Wenn man aber das begriffliche Stück, was
die Definition bezeichnet, in der Anschauung eines
einzelnen Blutquantums betrachtet, so findet sich, dass
darin noch andere Bestimmungen enthalten sind, die
dem Begriff ebenfalls zugehören, und die deshalb den
Halt zu einem synthetischen Urtheil geben.

Die Zahlenlehre hat dieselbe Allgemeinheit ihrer
Lehrsätze und die gleiche Sicherheit ihrer Beweise, und
es fragt sich daher, ob hier beides auf andern Grundlagen, wie in der Geometrie beruht, welche die wahr-
nehmbare Gestalt behandelt. Die Zahlen sind nichts
Wahrnehmbares, nur die gezählten Dinge sind es, aber
nie die Zahl selbst. Es ist also falsch, wenn Kant
bei ihnen von Anschauungen oder symbolischen
Constructionen spricht (Kr. 562). Schon der Zusatz:
symbolisch, den Kant machen muss, verräth dies.
Die Allgemeinheit der Lehrsätze der Zahlenlehre muss

deshalb auf einer anderen Grundlage ruhen. Diese
ist hier die beziehende Natur der Zahlen, welche
durch das, was sie zählen, gar nicht berührt werden
und mit dem Gezählten niemals eine Besonderung ein-
gehen, wie z. B. das Rechtwinklige mit dem Dreieck
thut. Deshalb ist jede Zahlformel, wie Kant sagt, für
alles zu zählende gültig, wenn ihre Wahrheit auch
nur an irgend einer Art des Seienden durch Zählen
festgestellt ist (*E*. 79).

Die Subsumtion der späteren Lehrsätze unter
frühere kann in der Zahlenlehre zwar nicht so
anschaulich dargelegt werden, wie in der Geometrie;
allein das Allgemeine ist auch hier in dem Besondern
deshalb mit grosser Sicherheit zu erkennen, weil die
Besonderung nur aus den Formen und Zahlen hervorgehen kann, und diese Formen in den Gegensätzen von
Plus und Minus deutlich hervortreten.

Hiernach giebt es nicht, wie Kant meint, einen
doppelten Vernunftgebrauch, vielmehr besteht kein Unterschied in den Erkenntnissmitteln zwischen Philosophie
und Mathematik; die Construction bei dieser ist nichts
Eigenthümliches, auch die Philosophie kann ihre Begriffe
anschaulich machen; die Begriffe sind in beiden gleich
wahrnehmbar, in beiden nur nicht für sich, ohne ihre
bildlichen Reste wahrnehmbar, und beide erfordern die
gleiche Austrennung aus dem Wahrgenommenen durch
das begriffliche Trennen. Der einzige Unterschied
welcher die Mathematik auszeichnet, liegt in der
grösseren Anschaulichkeit und damit Sicherheit der
Subsumtionen bei den Beweisen und in der Möglichkeit,
die Allgemeinheit ihrer Gesetze durch Beobachtung zu
erkennen. Auf diesen beiden Eigenthümlichkeiten
beruht die sogenannte mathematische Gewissheit.
Sie ist deshalb allerdings der höchste Grad der
Gewissheit, aber sie ruht nicht auf besonderen Erkenntnissmitteln.

Nach dieser Auseinandersetzung wird der Leser das Irr-
thümliche in Kant's Lehre von den Definitionen, Axiomen
und Constructionen leicht bemerken. Insbesondere ist es
falsch, dass die Philosophie keine Axiome habe; jede
Philosophie muss von Fundamentalsätzen ausgehen;
Spinoza thut dieses offen; der Realismus erkennt in

seinen zwei Fundamentalsätzen (E. 68) solche Axiome
an; auch Kant hat deren in seiner Kritik, nur sind sie
verhüllt, was allemal ein Mangel ist; denn nichts bedarf
einer genaueren Betrachtung, als das, was als Mittel
für alles Andere dienen soll.

Endlich ist die Philosophie im Stande, ihre
Begriffe so anschaulich zu machen wie die Geometrie;
jedes Haus bietet das anschauliche Bild der Begriffe von
Grösse, Gestalt, Qualität u. s. w. Nur in Ansehung
der Beziehungen ist dies nicht möglich, da diese
ihrer Natur nach kein Seiendes bezeichnen; deshalb
kann ihre Natur nur aus ihrem Gebrauche erkannt
werden. Doch in der Zahlenlehre sind die Ziffern und
Buchstaben, die Zeichen des Plus und Minus, der
Potenzen u. s. w. keine Bilder, sondern nur schriftliche
Zeichen, wie die Worte mündliche Zeichen, die für
sich allein nicht die mindeste Vorstellung von der
damit angedeuteten Beziehung geben, während das
einzelne gezeichnete Dreieck vollständig das Anschauliche des Begriffes Dreieck in sich enthält, und
deshalb dieser aus jenem ausgesondert werden kann.
Nur weil die Beziehungen kein Seiendes bezeichnen,
sind auch die Ideen Kant's nicht anschaulich zu
machen.

108. (Kr. 590.) Der polemische Gebrauch der Vernunft.

Die Ausführungen Kant's in diesem Abschnitt
sind mehr populär als philosophisch. Es handelt sich
hier um die grosse Frage, ob die Philosophie eine
ähnliche allgemeine Anerkennung mit der Zeit erreichen
kann wie die Mathematik; ob, wenn dies nicht möglich,
der Grund in der Schwäche der Personen oder in der
Natur dieser Wissenschaft zu suchen ist, ist, und ob das
Schwanken der Systeme, der Philosophie zum Vorwurf
gemacht werden könne. Diese grossen Fragen hat Kant
nicht berührt. Er glaubt, wie jeder Philosoph, an die
überzeugende Macht seines Systems.

Wenn er sagt: die Gegner sollen nur mit den
Waffen der Vernunft einander bekämpfen, so fragt es

sich, welches sind diese Waffen? Diese Frage führt
zu den Fundamentalsätzen, wo die Vernunft im Sinne
Kant's (das Beweisen) aufhört und das Glauben beginnt (E. 69). Es ist deshalb unrichtig, wenn Kant
sagt, dass es keine Polemik im Felde der reinen Vernunft gebe; vielmehr liegt in der Natur des Wissens,
dass es über jede Voraussetzung, über jeden Fundamentalsatz hinauszugehen versucht, und doch dergleichen
Sätze als Ausgangspunkt nicht entbehren kann. Deshalb
die von Hegel hervorgehobene Schwierigkeit alles
Anfanges in der Philosophie.

109. (Kr. 598.) Ueber die skeptische Befriedigung.

So wenig, wie in Folge der Natur der Fundamentalsätze je der Polemik innerhalb der Philosophie ein
Ende gemacht werden kann, ebenso wenig ist dies bei
dem Skepticismus möglich. Die Polemiker sind
Dogmatiker; ihr Streit ist, wenn er nicht auf Bosheit
oder Verstandesschwäche beruht, zuletzt ein Streit über
die Fundamentalsätze; denn von da ab geht Alles
strenge innerhalb dieser Sätze weiter. Der Streit über
die Fundamentalsätze ist aber weder zu hindern, noch
zu erledigen; hier beginnt das Glauben.

Der Skeptiker setzt den Fundamentalsätzen seiner
Gegner nichts Anderes gegenüber, sondern leugnet nur
die Gewissheit irgend welcher; selbst der Zweifel war
den alten Skeptikern nichts Gewisses. Jeder, der
etwas behauptet, muss von Fundamentalsätzen ausgehen; allein sie sind nicht zu beweisen; folglich kann
der Streit über dieselben nicht gehindert werden.
Will Jemand aber dergleichen Fundamentalsätze überhaupt nicht anerkennen, so ist er ein Skeptiker, d. h.
er erklärt, dass sich überhaupt keine Gewissheit erlangen lasse. Er darf dann nicht einmal seinen
Zweifel für gewiss erklären, wie dies auch Pyrrho
und die alten Skeptiker consequent nicht thaten.

Kant stellt nun neben Dogmatik und Skepsis
noch ein Drittes, die Kritik. Seine Kritik ist indess
auch nur eine Dogmatik, die sich aber nur auf das
Gebiet des Wissens beschränkt und blos durch die
hier erlangten Grundsätze mittelbar auf das Gebiet

des Seienden sich ausdehnt. Er untersucht in seiner
Kritik der reinen Vernunft die Natur und Gesetze des
menschlichen Wissens, womit natürlich ihm auch seine
Grenze gesteckt wird. Eine solche Lehre ist offenbar
dogmatisch, denn sie stellt feste Begriffe und Gesetze
für ihren Gegenstand auf, wie jede andere Philosophie,
und behauptet die Wahrheit ihrer Sätze, wobei es
gleichgültig ist, ob sie das Gebiet der Wahrheit enger
oder weiter zieht.

Indem Kant seine Kritik als die höhere Stufe
gegen Dogmatismus und Skepticismus nahm, meint er
beide überwunden zu haben: allein die Erfahrung hat
das Gegentheil bewiesen und die Richtigkeit des Vorstehenden bestätigt.

110. (Kr. 606.) Gebrauch der Hypothesen.

Kant will in dem Gebiet jenseit der Wahrnehmung
gar keine Hypothese gestatten, weil hier nur das
Nothwendige oder gar nichts sei. Allein der Gebrauch
der Hypothesen ist in den besonderen Wissenschaften,
wie in der Philosophie, als ein Mittel gestattet, um
aus einer Reihe von Wahrnehmungen ihr Gesetz zu
finden, was sich unmittelbar nicht wahrnehmen lässt.
Die Beobachtung des Einzelnen hat in dessen Inhalt
auch die Verbindung der Glieder der darin auftretenden
Gesetze: es fehlt aber der Beobachtung vorerst noch
das besondere Wissen dieser Glieder oder dieser begrifflichen Stücke, als solcher. Da nun die begrifflichen Schnitte in das Einzelne willkürlich sind, so
können nur durch Versuche und Voraussetzungen (Hypothesen) die richtigen Trennstücke aufgefunden werden,
welche als die Glieder des Gesetzes gelten können.

Dies gilt auch für die Philosophie.

Jede Hypothese ist daher nur die Vorausnahme
einer Wahrnehmung und bedarf deshalb für ihre
Wahrheit der Bestätigung durch diese.

Wo diese Bestätigung aber nicht unmittelbar eintreten kann, weil die Hypothese in ihren Annahmen
die Wahrnehmung überschreitet, da kann diese Bestätigung sich nur auf die in die Wahrnehmung fallenden
Wirkungen derselben richten, und hier ist der

Uebelstand. dass dieselben Wirkungen sich aus mehreren Hypothesen oft gleich gut ableiten lassen.

Ferner gewährt jede Hypothese nur **Wahrschein-lichkeit** für ihre allgemeine Geltung. wenn die Beobachtung nicht **alle** Fälle erschöpfen kann.

Aus diesen Gründen gehören die Hypothesen nicht zu den fundamentalen Mitteln der Erkenntniss.

III. (Kr. 615.) Von den Beweisen.

Dieser Abschnitt ist nur eine Wiederholung bereits früher von **Kant** gegebener Ausführungen. Uebrigens ist die Lehre von den **Beweisen** darin nicht erschöpfend vorgetragen. Sie beruht unmittelbar auf den Fundamental-sätzen der Wahrheit (*E. 68*). Der Beweissatz kann ein **einzelner** oder **allgemeiner** sein. Der Beweis kann für beide entweder aus dem **ersten** oder **zweiten** Fundamentalsatz geführt werden. Ist dies letztere, und wird er also nur auf das Nichtsein des Widerspruches gestützt, so muss ein anderer Satz bereits als wahr gelten. mit dem der zu beweisende in dem Beweispunkte identisch ist. und auf den er seine Wahrheit stützt. Hierher gehört der **logische Schluss**, bei welchem die Conclusion auf der Wahrheit des Obersatzes und darauf ruht, dass das Subject des zu beweisenden Satzes das Subject des Obersatzes (*terminus medius*) in sich enthält. So enthalten der Gelehrte (eine Art) und Cajus (ein Einzelnes) in sich den begrifflichen Menschen, und deshalb gilt das Sterben. was mit dem begrifflichen Menschen verbunden ist, auch für den Gelehrten und für Cajus.

Wird der Beweissatz auf den **ersten** Funda-mentalsatz, d. h. auf Wahrnehmung gestützt, so ist das Einzelne damit unmittelbar bewiesen (Cajus ist todt, denn ich sehe seine Leiche). Das **Allgemeine** (alle Menschen sind sterblich) kann dagegen aus dem ersten Fundamentalsatze nur durch **Induction** bis zur Wahr-scheinlichkeit gebracht werden, mit Ausnahme der mathe-matischen Lehrsätze.

Alle diese Beweise heissen **directe**, weil die Fundamentalsätze unmittelbar auf den Beweissatz gerichtet werden. Sie gehen auf die Wahrheit, und bei

ihnen gilt allein die Behauptung Kant's, dass es nur
einen Beweis gebe. Soll dagegen die Falschheit
eines Satzes bewiesen werden, so sind zwar auch hier
nur dieselben Mittel, der Widerspruch und die Wahrnehmung dazu brauchbar, aber ihre Benutzung dreht
sich um; die Nichtwahrheit, das Beweisthema, muss sich
dann auf den Widerspruch mit andern anerkannten
Wahrheiten oder mit einer Wahrnehmung stützen. Die
Widerlegung allgemeiner Sätze durch den ersten
Fundamentalsatz ist deshalb leichter und gewisser als
die Begründung derselben; denn jeder einzelne Fall,
der die im Satze ausgesprochene Verbindung nicht enthält,
reicht schon zu seiner Widerlegung hin. Bei der Widerlegung eines allgemeinen Satzes kann also diese Widerlegung oder der Gegenbeweis auf unendlich viele Arten
geführt werden.

Der indirecte Beweis ist der directe Beweis eines
Satzes, aus dem dann der eigentliche Beweissatz sich
dadurch ergiebt, dass der bewiesene Satz das Gegentheil
des zu widerlegenden Satzes ergiebt. Der indirecte
Beweis wirkt deshalb hier mittelbar d. h. indirect.
Sonst hat dieser indirecte Beweis nichts Eigenthümliches;
es wiederholen sich bei ihm die Formen des directen
Beweises.

Der apagogische Beweis ist nur eine Unterart
des indirecten Beweises. Er beruht auf einem dis-
junctiven Obersatze. Wenn die alternativen Fälle
das Gebiet erschöpfen, so ist durch die Widerlegung
aller bis auf einen der Beweis dieser letzten Alternative
geführt. Es versteht sich also, dass der Obersatz das
Gebiet erschöpfe, und dies ist es, was Kant hervorhebt.
So erschöpfen nicht conträre, sondern nur contradictorische Verneinungen mit ihrem bejahenden
Satze ein Gebiet.

112. (Kr. 616.) Der Kanon der reinen Vernunft.

Dieses im ersten Satz dieses Abschnitts dargelegte
negative Resultat der theoretischen Philosophie ist
natürlich nur für das System Kant's gültig. Nachdem Kant die Gültigkeit des ersten Fundamental-
satzes aufgehoben und alles Wahrgenommene nur für

Erscheinung erklärt hatte, war ihm damit allerdings
die Erkenntniss des Seienden verschlossen. Eine
Philosophie dagegen, welche diesen Fundamentalsatz
anerkennt, bleibt nicht nur in Uebereinstimmung mit
nen Gesetzen des Wissens, wie sie zu allen Zeiten und
bei allen Völkern gegolten haben, sondern sie erreicht
damit in der Erkenntniss des Seienden auch positive
Resultate.

113. (Kr. 621.) Von den letzten Zwecken der reinen Vernunft.

Kant's Eintheilung der Philosophie in theore-
tische und praktische ist unrichtig und verwirrend.
Jede Philosophie ist nur theoretisch, d. h. sie ist nur
Erkenntniss, mag der Gegenstand derselben die Natur
oder die Seele oder das menschliche Handeln und seine
Werke sein. Jede Philosophie ist daher nur ein
Wissen, aber nie selbst ein Handeln oder ein Er-
zeugen des Gegenstandes.

Selbst wenn man mit Kant annimmt (obgleich es
nicht richtig ist), dass die reine Vernunft Gesetze für
den Willen gebe und den Willen bestimme, dass sie
mithin die Ursache von Handlungen und von sittlichen
Gestalten sei, wie der Staat, die Familie, die Ehe, das
Eigenthum sie zeigen, so hat doch die Philosophie
es nicht mit dem Erzeugen dieser Gestalten, nicht
mit dem Aufbau der Ehe, des Staates nach ihrem
Inhalte zu thun, sondern dies ist das Geschäft des
Staatsmannes und die Arbeit des Volkes selbst, indem
die Vernunft, in ihrer Weise producirend, treibt und
wirkt. Die Philosophie, als Erkenntniss, hat dagegen
nur vorhandene Schöpfungen und Gestaltungen mit
deren sittlichen Regeln zum Gegenstande der Untersuchung zu nehmen. Diese sittlichen Bildungen sind
die Objecte ihrer Erkenntniss; aber keineswegs ist es
des Philosophen Aufgabe, diese sittlichen Gestaltungen,
selbst wenn auch nur im Gedanken, zu bilden und
zu entwickeln. Es ist die fortwährende Täuschung der
Philosophen, dass sie sich auch für verpflichtet halten,
den Staat, die Familie, das Recht u. s. w. zu

construiren. Dazu ist der Einzelne, und sei er noch so tiefgelehrt, völlig unfähig: namentlich der Philosoph, welchen seine Arbeit von dem praktischen Leben abzieht.

Es ist deshalb gar nicht zu verwundern, dass jene Staaten- und Rechtsbildungen, welche von den Philosophen ausgedacht und in ihren Büchern beschrieben sind, nur Utopien darstellen, die nie haben verwirklicht werden können. Die beiden Dionyse in Sicilien meinten es sicherlich ehrlich mit Plato; drei Mal beriefen sie ihn zur Einrichtung ihres Staats, allein alle drei Mal konnte Plato nichts ausrichten, und so schieden sie in Unfrieden.

Es ergiebt sich hieraus der wichtige Satz, dass auch die Philosophie des Handelns sich, wie die Philosophie der Natur und der Seele, auf Beobachtung des Vorhandenen zu beschränken hat. So wenig die Philosophie das Ideal eines neuen Baumes oder Thieres zu liefern hat, so wenig hat sie das Ideal eines Staats zu liefern; ihre Aufgabe ist, die Natur der vorhandenen Staaten und sittlichen Gestalten zu erkennen und deren höchste Begriffe und Gesetze zu finden. Die Imperative der Vernunft ändern hierin nichts: denn selbst, wenn sie bestehen sollten, so würden sie doch als solche nur den Gegenstand für die Ethik ebenso bilden, wie die Gesetze des Denkens der Gegenstand, aber nicht das Erzeugniss der Logik sind. Nur bei dieser Auffassung kommt Einheit in die Philosophie und die Ethik aus der schiefen Stellung heraus, welche Kant zu dem unpassenden Namen der praktischen Philosophie verleitet hat. Dann erhellt auch das Unphilosophische von Kant's Behauptung, dass die ganze Zurüstung der Philosophie nur auf die drei Probleme der Freiheit, Unsterblichkeit und Gottes gerichtet sei. Die Philosophie, als reines Wissen, hat gar kein anderes Ziel als die Erkenntniss; der Unterschied der Gegenstände der Erkenntniss ist für sie als reines, von jedem Gefühl freies Wissen durchaus gleichgültig; die Erkenntniss eines Sandkorns ist für sie als solche so wichtig wie die Erkenntniss des Staates und die Erkenntniss Gottes.

114. (Kr. 632.) Ideal des höchsten Guts.

In diesem Abschnitt wird noch einmal von Kant versucht, die Religion mit seinem Systeme auszusöhnen.

Kant stützt hier Gott und die Unsterblichkeit auf die Moral, nachdem er ihnen die theoretischen Stützen genommen hat. Es ist klar, dass dies nicht ausführbar ist, wenn man nicht zuvor einen neuen Fundamentalsatz der Wahrheit dahin aufstellt, dass aus dem Dasein eines Sollens (Gebotes) in uns auch das Dasein eines entsprechenden Gebieters ausser uns folgt.

In dieser trockenen Hinstellung solchen Satzes erkennt Jedermann dessen Unhaltbarkeit; dennoch ist auf ihn die Argumentation Kant's in diesem Abschnitt gestützt. Kant selbst fühlt das Unzureichende derselben. Nirgends spricht er deutlich aus, dass sein Moralbeweis das Dasein Gottes ergebe; er spricht nur von Sein-Müssen, von berechtigten Hoffnungen, von einem Für-richtig-halten oder von schlechterdings nothwendigen Voraussetzungen im Gegensatz zur demonstrirten Wahrheit. Jene sind Ausdrücke, welche für die erkannte Wahrheit nicht passen.

Was die hier vorgetragenen Moralprinzipien selbst und ihre Verbindung mit der Glückseligkeit anlangt, so ist diese Auffassung gegenwärtig, selbst ausserhalb der Schule, in der gebildeten Welt ziemlich verlassen worden, und es ist kaum nöthig, auf die Bedenken dagegen aufmerksam zu machen. Eine gründliche Beurtheilung würde zu einer Entwickelung der Prinzipien der Ethik führen, welche erst in den Erläuterungen zu Kant's Kritik der praktischen Vernunft an ihrer Stelle ist.

115. (Kr. 640.) Vom Meinen, Wissen, Glauben.

Der Schluss des Abschnittes enthält ein höchst demüthigendes Geständniss für den Philosophen. So schlimm steht es indess mit der Philosophie nicht, und Kant ist nur deshalb zu solcher Demüthigung genöthigt, weil er den Werth der Philosophie in Fragen sucht, die nur der Religion angehören, d. h. weil er das Gefühl zum Richter über das Wissen erhebt.

Die Begriffe von Meinen, Glauben, Wissen
hat Kant nicht so erschöpfend behandelt, wie sie es
für eine Philosophie des Wissens verdienen; auch sind
sie nicht so leicht, als Kant meint, zu erledigen. Es
ist das Wesentliche darüber in Bd. I dargelegt worden.
(*E. 60*).   Wahrheit ist die Uebereinstimmung des
Wissens mit dem Sein (*E. 66*); diese Wahrheit hat es
mit den Gefühlen und seienden Zuständen des Wissenden
gar nicht zu thun; sie ist nur reines Wissen; Gewissheit
ist dagegen eine Wissensart (*E. 59*), d. h. ein Wissen,
was von seienden Elementen der Seele durchzogen
ist, und zu seinem Eintritt gar nicht die Wahrheit der
Vorstellung erfordert, welche für gewiss gehalten wird.
Deshalb kann man die Wahrheit haben ohne die Gewissheit, und umgekehrt die Gewissheit ohne die Wahrheit.

Die Hauptsache bleibt die Frage: Woran unterscheide
ich die Wahrheit von der Gewissheit; welches sind die
Kennzeichen von beiden? Kant selbst hat früher ein allgemeines Kriterium der Wahrheit für unmöglich erklärt.
Hier unterscheidet er Glauben und Wissen (womit er Gewissheit und Wahrheit meint) danach, dass für jenen nur
subjective, für dieses objective Gründe beigebracht
werden können, d. h. Gründe, die für Jedermann gelten.
Allein woran erkenne ich dieses Subjective und Objective
der Gründe? Man kann die Wirksamkeit der Gründe doch
nicht bei allen Menschen probiren. Es ist also dieses Kenn-
zeichnen ein leeres. Auch hier können nur die Fundamentalsätze den Halt bieten (*E. 68*). Die Wahrnehmung und
die Unmöglichkeit des Widerspruchs führen in vereinter
Benutzung zur Wahrheit und sind zugleich Ursachen
der Gewissheit. Sie haben also die dem Subjecte so
unentbehrliche Wirkung, dass die von ihnen zugeführte
Wahrheit sowohl als solche wie als gewiss gewusst
wird; und sie sind zugleich das äussere Kennzeichen,
dass die Gewissheit auch die Wahrheit enthält.

Die blosse Gewissheit hat aber noch zwei andere
Quellen: die Autorität und das Gefühl (*E. 60*). Die von
diesen beiden letzten Ursachen herbeigeführte Gewissheit
ist der Glaube; seine Gewissheit kann ebenso stark im
Grade sein, wie die aus den Fundamentalsätzen folgende
Gewissheit; aber da seine Ursachen nicht zugleich
Quellen der Wahrheit sind, so hat der Glaube in sich

keine Gewähr für seine Wahrheit. Dies gilt insbesondere für den religiösen Glauben, und deshalb sucht instinctiv der Mensch die Religion durch Vernunft zu unterstützen, d. h. das Zeugniss der Fundamentalsätze für sie zu gewinnen.

Das Meinen ist daneben ein Vorstellen, für welches die Ursachen der Gewissheit nicht voll wirksam sind, und welches deshalb seinen Inhalt nur für wahrscheinlich hält (E. 60). Das Wort: Glauben wird auch oft für dieses Meinen, also für das blos Wahrscheinliche angewendet; es ist deshalb zweideutig. Jener erste Begriff ist aber der richtigere, und es ist zu wünschen, dass das Wort Glauben nicht für ein ungewisses Wissen, sondern nur für ein gewisses benutzt werde, was aber sich nicht auf die Fundamentalsätze stützt.

Kant sagt: Nur das Wissen, nicht der Glaube lasse sich mittheilen. Indess widerspricht dem die Ausbreitung des religiösen Glaubens; es muss sich also auch ein bestimmter Glaube mittheilen lassen, wie dies bekanntlich durch Erziehung und andere auf das Gefühl wirkende Mittel tagtäglich auch geschieht. Deshalb sind auch die Ursachen des Glaubens ebenso objectiv, d. h. allgemein gültig, wie die Fundamente der Wahrheit, und Kant's Unterscheidung ist nichtig.

Alle Wissenschaften haben mit dem Meinen beginnen müssen, auch die Mathematik; und alle anderen Wissenschaften ausser dieser sind noch heute nicht über das Meinen für ihre Grundsätze hinausgekommen, weil ihr Allgemeines oder ihre Gesetze sich nur auf Induction stützen, also nur die Wahrscheinlichkeit derselben erreichen können.

116. (Kr. 654.) Architektonik der reinen Vernunft.

Kant behandelt hier den Begriff des Systems und die Frage nach dem Begriff und nach der Eintheilung der Philosophie. Die erste ist bereits oben (E. 105) erörtert; es kann darauf Bezug genommen werden, da Kant nichts Neues vorbringt. Da die Idee selbst nur eine Verbindung von Seinsbegriffen mit Beziehungen ist, so erhellt, dass aus ihr kein Neues, insbesondere kein Inhalt des Besonderen und mithin auch keine Ordnung desselben abgeleitet werden kann. Jene Worte, wie: Gliederung,

Articulation, Innerlich-wachsen, welche Kant zur Bezeichnung des Wesens des Systems gebraucht, sind dem Begriffe des Organischen entlehnt und enthalten nur die Einheit des An- und Ineinander, die Verbindung durch Kraft und die Beziehungseinheit durch Ursachlichkeit oder Erzeugung. Letztere ist nichts Seiendes, und die anderen Einheiten setzen schon das Dasein der Theile und Eigenschaften, die sie verbinden sollen, voraus. Und so ist es auch mit der Wissenschaft. Sie ist nichts als das Wissensbild ihres Gegenstandes in Bezug auf seine durch Gesetze verbundenen Begriffsstücke. Dafür besteht im Sein keine Ordnung, und das System, welches eine Ordnung bietet, ist deshalb nicht durch den Gegenstand, sondern nur durch die Natur der Sprache und die Fassungskraft der Personen bedingt, welche den Inhalt der Wissenschaft sich aneignen wollen (*E.* 83), jene zwingt zu einer Zersplitterung des Inhaltes bei dessen Mittheilung, diese zu einer mehr oder weniger präcisen Darstellung desselben.

Ueber den Begriff der Philosophie ist das Nähere in Bd. I. gesagt (*E.* 87). Das, was Kant als einen Fehler rügt, macht gerade ihren Vorzug aus; nämlich, dass keine feste Grenze zwischen ihr und den besonderen Wissenschaften besteht. Nur wenn man verschiedene Erkenntniss-Vermögen mit Kant in die Seele einführt, kann man zu einer scharfen Grenzbestimmung für die Philosophie gelangen; sind aber jene unterschiedene Vermögen nur ein Irrthum, so fällt auch die Grenze. Die von Kant gegebene Eintheilung der Philosophie ist längst wieder verlassen; jede Eintheilung, wie jedes System, ist sachlich nicht gegeben, sondern nur von der Persönlichkeit der Lernenden und Lehrenden bedingt. Eine Eintheilung der Philosophie nach Anleitung der Fundamentalsätze ist Bd. I. gegeben (*E.* 95).

117. (Kr. 657.) Geschichte der reinen Vernunft.

Die drei Gesichtspunkte, welche Kant für die Geschichte der Philosophie aufstellt, laufen in Wahrheit in einem zusammen; in dem: ob die Philosophen nur das Denken als Mittel zur Wahrheit anerkennen, oder auch die Wahrnehmung. Jene sind die Noologisten

Kant's und damit zugleich Intellectualphilosophen;
diese sind die Empiristen und zugleich die Sensualisten.
Der dritte Unterschied Kant's, ob wissenschaftlich
oder nicht verfahren wird, fällt ausserhalb der
Philosophie; deshalb gehört auch der Supernaturalismus
und selbst der Skepticismus als System nicht zur
Philosophie; denn jener benutzt die Offenbarung
als eine besondere Quelle der Wahrheit, und dieser
leugnet die Wahrheit oder ihre Erkennbarkeit überhaupt und ist deshalb ohne allen positiven Inhalt.

Es bleiben hiernach nur zwei grosse Gegensätze
innerhalb der Philosophie, die man mit Idealismus
und Realismus am besten bezeichnen kann. Vermöge
der Natur der Fundamentalsätze (E. 68) kann das
Denken an sich gar keinen Inhalt des Seienden gewinnen, und umgekehrt kann das Wahrnehmen nur
mit Hülfe des Denkens das Falsche von dem Wahrgenommenen ausscheiden und das Allgemeine daraus
abtrennen. Denken und Wahrnehmen sind deshalb in
aller Erkenntniss untrennbar, und so erklärt es sich,
dass es kein System der Philosophie giebt, was sich
rein auf das Denken oder auf das Wahrnehmen stützt,
so sehr auch die Verfasser selbst dies versichern mögen.
Der Idealismus hat all seinen Inhalt nur aus der
Wahrnehmung, und der Sensualismus hat das Allgemeine, d. h. seine Begriffe und Gesetze nur vermittelst seines Denkens. Die Unterschiede der philosophischen Systeme liegen deshalb nur in dem Grade
der Uebertreibung des einen Mittels auf Kosten des
andern; also nur in dem, was sie Unwahres, nicht
in dem, was sie Wahres enthalten. Ein grosser Theil
jener Unterschiede kann als Wortstreit gelten. Dies
trifft selbst Kant; denn seine Erscheinungen sind,
Alles in Allem genommen, nur ein anderes Wort für
diese Gegenstände oder Dinge. Kant stellt zwar
hinter sie noch die Dinge an sich, allein da sie nicht
erkennbar sind, so sind sie für die Menschen so gut,
wie nicht vorhanden, und alle besonderen Wissenschaften werden deshalb von dieser Unterscheidung
nicht berührt, und ebenso wenig die Gefühle und die
Interessen des Lebens. Diese letzteren beziehen sich
nach Kant genau so auf seine Erscheinungen, wie nach

der gewöhnlichen Meinung auf die Dinge selbst, und
so sinkt dieser Unterschied zu einem blossen Spiel
herab, was der Philosoph in seiner Studirstube treiben
mag, was aber im Leben und in den besonderen
Wissenschaften nicht zu spüren ist und zu deren Er-
weiterung nicht das Mindeste beiträgt. Dasselbe lässt
sich von dem Idealismus Fichte's, Schopenhauer's
und Hegel's sagen. Nur innerhalb der Ethik unter-
nehmen diese Systeme es, nicht blos zu erkennen,
sondern zu schaffen. Hier zeigt sich deshalb ein
Unterschied, der über die Worte hinaus will, aber bei
der Machtlosigkeit der Philosophie ihr schwankendes
Gebäude zu verwirklichen, sich ebenso unwirksam für
das Leben zeigt, wie ihr Idealismus für die Erkenntniss.
Wenn sonst die vorhandenen Systeme der Philosophie
noch Unterschiede zeigen, so gehören dieselben im
strengen Sinne nicht der Philosophie, sondern nur
Poesie des Gedankens, in welcher das verbindende
Denken (Phantasie) sich von den Gefühlen leiten
lässt und um so leichter zu den verschiedenen
Resultaten gelangt, je weniger der Philosoph sich
dabei verpflichtet hält, seine Gebilde an der Erfahrung
zu prüfen, und je mehr er sich in dem Gebiete jenseit
der Wahrnehmung bewegt.

Druck von Hugo Gluzel, Berlin W., Yorkstr. 42.